为什么我总是
无法说不

王艳慧 著

中国纺织出版社有限公司

内 容 提 要

为什么我们总是不敢拒绝，无法说"不"呢？我们害怕说"不"，一是怕伤害对方，二是怕拒绝别人之后不再受人欢迎。但究其本质，是我们没有为自己设定合理的界限。所谓界限，就是指心理边界，根据这个边界确定什么是我的，什么事是我应该负责任的，什么事是我可以拒绝的。没有人会因为我们的无条件服从，而选择更爱我们，更尊重我们；也没有人会因为我们的无条件妥协，而对我们刮目相看。成长的第一步，就是为自己树立界限，把自己的感受和需求放在重要的位置，这意味着我们开始懂得如何掌控自己的人生，明白了自我的发展才是与人和谐相处的根基。愿我们都能告别那个唯唯诺诺、不敢说"不"的自己，温和而坚定地表达自己真实的想法与感受，按照自己的意愿作选择，获得从容的、有界限的人生。

图书在版编目（CIP）数据

为什么我总是无法说不 / 王艳慧著. —北京：中国纺织出版社有限公司，2020.11
ISBN 978-7-5180-7842-4

Ⅰ．①为… Ⅱ．①王… Ⅲ．①心理交往—通俗读物 Ⅳ．①C912.11-49

中国版本图书馆CIP数据核字（2020）第171408号

策划编辑：郝珊珊　　责任校对：王蕙莹　　责任印制：储志伟

中国纺织出版社有限公司出版发行
地址：北京市朝阳区百子湾东里A407号楼　邮政编码：100124
销售电话：010—67004422　　传真：010—87155801
http://www.c-textilep.com
中国纺织出版社天猫旗舰店
官方微博http://weibo.com/2119887771
天津千鹤文化传播有限公司印刷　　各地新华书店经销
2020年11月第1版第1次印刷
开本：880×1230　1/32　印张：6.5
字数：176千字　定价：45.00元

凡购本书，如有缺页、倒页、脱页，由本社图书营销中心调换

前言

学会说"不",过有界限的人生

从小到大,我都是一个很好说话的人,不知道该怎么拒绝别人。但凡别人开口找我帮忙,无论我心里是否愿意,有没有难言的苦衷,都会应承下来,然后自己想办法解决,哪怕过程充满了纠结与挣扎,痛恨自己不该答应,可还是默默承受着一切。下一次,遇到相同的情境,那个想要回绝的"不"字,就算已到嘴边,我也会硬生生地把它咽下去。

认识我的人,都觉得我温和可人,很好相处。而我,也认可了这样的评价,愿意成为别人心中的那个"好人"。曾经一度,我甚至把这种好说话的特质,当成一种优点。可随着年龄和阅历的增加,我渐渐地发现,事实并不是我所想的那样,而我的生活也因为"好说话"的特质,在很多时候变得不堪重负。

上大学的时候,父母给我的生活费是有限的,但寝室的同学过生日总要请客吃饭,而被邀请的室友就要给对方送一份礼物。每次买礼物,要花费50~60元,而这是我五天的伙食费。我并不喜欢那样的聚会,每次都是从饭费里扣除这部分费用,内心极不情愿,却没有一次委婉地拒绝。

在工作方面，初入职场时并不太知道如何"保护"自己，代替周围的同事承担了许多本不该由自己去做的事，为了获得一个所谓的好人缘，多少次都是独自在办公室加班，把自己落下的工作赶上来。坐上末班地铁回家的路上，疲累和委屈全涌了上来，眼泪不停地打转，心里想的是：为什么生活这么难？

这只是生活中的一些极小的片段，但我相信，它绝不是我一个人的故事。现实中，像我曾经那般小心翼翼维护人际关系的，并不在少数。然而，结果又如何呢？我并没有因为自己的好说话，就换来更多人的真心相待；也没有因为做一个"老好人"，就活得更愉悦、更满足。相反，我们更多的真实感受是憋屈、不甘、疲累、厌烦……因为，太多的事都不是发自内心想做的，太多的选择都违背了内心的意愿，那些所谓的给予、付出和承担，不过是自我感动，其本质并不是出于爱，而是出于不敢拒绝。

为什么我们总是不敢拒绝，无法说"不"呢？

日本有位教授曾发出过这样的感慨："央求人固然是一件难事，而当别人央求你，你又不得不拒绝的时候，亦是叫人头痛万分的。因为每一个人都有自尊心，希望得到别人的重视，同时我们也不希望别人不愉快，因而也就难说出拒绝的话了。"

我们害怕说"不"，一是怕伤害对方，二是怕拒绝别人之后不再受人欢迎。究其本质，是我们没有为自己设定合理的界限。所谓界限，就是指心理边界，根据这个边界确定什么事是我应该负责任的，什么事是我可以拒绝的。

当我们树立了清晰的界限，就会对自己有更清晰的认识，知道自己该对什么负责，负怎样的责任，有怎样的能力，明确自己的行为会产生怎样的结果，并为这个结果负责。到那个时候，我们会做自己能够做的事，而不是用事情的结果来证明自己。

幸运的是，我后来通过学习，认识到了界限的重要性，同时也亲体力行地去实践它。现在面临一个请求的时候，我会询问自己的内心：我是什么感受？我希望怎么处理这件事情？我能不能接受对方提出的要求？如果答案是：我可以做，我愿意做，那么我会答应。如果答案是：我不想做，我很为难，我不确定，那我会告诉对方自己无法答应，并说明原因，态度很温和，但立场很坚定。

事实证明，我们的拒绝并没有给对方带来多么严重的伤害，但给自己争取到了更自由、更舒适的活法；我们的拒绝并没有失去真正的朋友，而且赢得了应有的尊重。生活在这个世界上，我们应做一个性格谦和的人，但不应该为此失去自我，强迫自己无条件地顺从，并不是一个聪明的、长久的、健康的选择。

没有人会因为我们的无条件服从，而选择更爱我们，更尊重我们；也没有人会因为我们的无条件妥协，而对我们刮目相看。成长的第一步，就是为自己树立界限，把自己的感受和需求放在重要的位置，这意味着我们开始懂得如何掌控自己的人生，明白了自我的发展才是与人和谐相处的根基。

最后，愿我们都能告别那个唯唯诺诺、不敢说"不"的自己，温和而坚定地表达自己真实的想法与感受。很多事情，虽不能尽善尽美，却在可以选择的时候，希望我们都能够行使自己应有的权利，按照自己的意愿做选择，获得从容的、有界限的人生。

| 目录 |

第一章 轻易让步的人生，注定是苦涩之旅 ‖ 001

    01 不懂拒绝的人生，究竟有多可悲 ‖ 002

    02 一切违心的接受，不过是在堆积委屈 ‖ 006

    03 过度的迁就与付出，换不来爱与尊重 ‖ 009

    04 无法说"不"的人，容易被情感绑架 ‖ 013

    05 你永远不可能做到，让所有人都满意 ‖ 016

    06 越是放弃自己的利益，反感你的人越多 ‖ 019

    07 没有拒绝的能力，只能被人牵着鼻子走 ‖ 022

第二章 为什么你宁肯说谎，也不愿说不 ‖ 025

    01 拒绝的情境会勾起早年的创伤体验 ‖ 026

    02 通过拯救别人，来确认自己的价值 ‖ 030

    03 内心缺乏力量感，只好步步退让 ‖ 033

    04 过度的付出只会换来对方的不在乎 ‖ 037

    05 不愿自己作决定，害怕说出真实想法 ‖ 041

    06 性格内向，因为羞怯不好意思拒绝 ‖ 045

07 虚荣心过于强烈，宁愿打肿脸充胖子 ‖ 048

08 用讨好换认可，只是在为他人而活 ‖ 052

第三章 说不≠自私，是保护好自己的界限 ‖ 055

01 拒绝≠自私，是坚守自己的立场 ‖ 056

02 涉及原则性的问题，不能轻易妥协 ‖ 060

03 我很在乎你，但你不能越过我的底线 ‖ 064

04 尊重隐秘的角落，真诚不是毫无保留 ‖ 068

05 善解人意有度，不做收纳别人情绪的"垃圾桶" ‖ 071

06 关系再怎么好，钱的问题也要明算账 ‖ 075

07 真情可贵，别跟不喜欢的人玩暧昧 ‖ 078

08 对办公室里的性骚扰大声说"不" ‖ 082

第四章 无须费心讨好他人，自爱才值得被爱 ‖ 087

01 该有脾气的时候，要拿出你的态度 ‖ 088

02 不畏异样的目光，不怕和别人不一样 ‖ 091

03 把决定权交给自己，我的人生我说了算 ‖ 094

04 扔掉圣人情结，谁都不是完美的人 ‖ 098

05 承受也要量力，别把自己逼近死角 ‖ 101

06 你不亏欠任何人，用不着处处吃亏 ‖ 104

第五章 要有拒绝的勇气，更要懂拒绝的艺术 ‖ 107

01 让刺耳的"不"字，拐个弯再出来 ‖ 108

02 拒绝别人的时候，真诚告知自己的难处 ‖ 111

03 同情对方的处境，可以有效地化解恶感 ‖ 114

04 开口拒绝别人之前，先给予肯定和认同 ‖ 117

05 关键时刻的示弱，让拒绝不再尴尬 ‖ 120

06 拒绝对方之后，适当给予一些补偿 ‖ 123

第六章 温和而坚定的态度，可以提升拒绝力 ‖ 127

01 让自己时刻保持可拒绝的状态 ‖ 128

02 客气的样子，本身就是一种拒绝 ‖ 131

03 听对方把话说完，再开口拒绝也不迟 ‖ 133

04 态度一定要坚定，话点到为止就行 ‖ 136

05 摒弃半推半就，不给对方可乘之机 ‖ 139

06 遵从自己的内心，不必刻意去伪装 ‖ 142

07 谁都在乎自尊，哪怕在遭到拒绝时 ‖ 145

第七章　从被动变主动，灵活是最高级的拒绝　‖ 149

01　让对方感觉不舒服，他会主动离开　‖ 150
02　故意截话拒绝，不让对方把事情挑明　‖ 154
03　未雨绸缪，把不想应承的事情挡在门外　‖ 157
04　创造有利于己的环境，营造心理压迫感　‖ 160
05　无声胜有声，沉默也是有效的拒绝　‖ 164
06　巧用肢体语言，一样可以表达态度　‖ 167

第八章　能抵抗诱惑的人，才有能力掌控生活　‖ 171

01　没有免费的午餐，管好自己的欲望　‖ 172
02　人生的路很长，不要总想着走捷径　‖ 176
03　不假思索地帮助他人，是愚蠢的善良　‖ 180
04　耳听爱情是不够的，要用心去感受　‖ 183
05　有便宜可占的地方，往往都藏着陷阱　‖ 187
06　"高帽"戴多了，很容易迷失自我　‖ 191
07　网络信息真假难辨，与之保持距离　‖ 194

第一章

轻易让步的人生,注定是苦涩之旅

01 不懂拒绝的人生，究竟有多可悲

"我很少拒绝别人的请求，总觉着他们会记得我的好，可他们却把我的这份好视为理所当然，好像我本来就应该这么做。天知道，我并不欠他们的呀！"

"我有时真希望自己不认识某些人，一遇到问题就来找我，把苦肉计搬出来。我这个人心软，见不得这样的场面，只好硬着头皮接受，把委屈咽到自己的肚子里。我以为，一次两次也就罢了，可没想到，回回都找我，就不能换个人吗？"

你有过这样的体会吗？有过这样的怨言吗？现在，请停止任何的怨怼，扪心自问一下：你上一次拒绝别人的不合理要求是什么时候？你是随时随地、任何时候都不拒绝别人的要求，毫无原则地照单全收，还是只对自己能力范围内的事情不好意思回绝？如果你是后者，说明问题还不算太严重；如果是前者，那你就要警惕了，带给你痛苦的不是别人，而是你毫无原则的退让，以及不懂拒绝的处世之道。

第一章
轻易让步的人生，注定是苦涩之旅

回想一下，你是否经常会这样做：不管手里事情有多少，一旦别人开口求你，你就会应承下来；不管这种承诺会给你带来多少麻烦，让你付出多少代价，你都不好意思拒绝。你可能还发现，之前你答应过太多次，现在已经没有了拒绝的"资格"，因为这会破坏你给人留下的"老好人"的印象。所以，你只能选择接受，独自去吞噬这种状态造成的辛苦和烦恼。

L初入职场，心里忐忑不安，一方面是自己的能力不足、缺乏经验，另一方面是害怕处理不好人际关系。为了尽快融入团队，他在上司和同事面前表现得很殷勤，主动为他们分担工作压力，希望能够借此得到支持，获得立足之地。

没过两个月，L就有点儿撑不住了，他说："我知道，职场里有一个蘑菇定律，新人都得受点委屈。我不能违抗上司的命令，也不敢得罪同事，对他们是有求必应，希望多做点事情赢得好感。可我也是人，现在每天的事情多到做不完，经常加班到凌晨，而同事却轻松得像个大闲人，我有点理解不了。"

如果L不能从现在的工作策略和有求必应的工作思维中解脱出来，换一种合理的、聪明的思路去应对上司和同事，他可能永远也摆脱不了现在的局面，甚至会面临更糟糕的处境，直至自己承受不了高强度的压力，彻底崩溃。

想用能力去证明自己，用勤奋换得认同，这个出发点本身没什么问题。可L在选择有求必应之时，忽略了人性中自私的一面：别人会习惯于你的付出，也习惯你从不拒绝的态度。当有一天你不想这样做时，你就会发现，自己受到责难。到那个时候，你就只能像陀螺一样不停地转，有苦难言，只能自己消化。

更糟糕的是，似乎有多少时间都不够用，你经常要延期才能完成自己的工作。生活被一张张写满承诺和待做事项的清单占满，没有自由支配的空间，也没有休闲和娱乐的时间。生活仿佛不再是自己的了，凡事都要看别人的脸色，自己只能默默记下别人的要求，皱着眉头去执行，没有说不的权利。你的"好坏"完全不由自己，而是取决于你完成这些要求的质量。渐渐地，你会失去发声的勇气，忘了怎么说"不"。

当你的世界被他人的意志全部占满，自己的生活和工作由此产生巨大的压力，总是处在紧张和疲劳的状态下，既得不到协助，又无法完全摆脱，该是多么痛苦？到最后，时间和资源全部被耗尽，压力却依然如山大，只能拼命压榨剩余时间，激发更多的能量来兑现承诺。此时此刻，你还会记得自己最初的理想，还有精力去实现自己的目标吗？一切的一切，都变成了为别人活着，失去了自我。

清醒一点吧！如果你不懂得拒绝，没有原则和底线，凭借讨好

第一章
轻易让步的人生，注定是苦涩之旅

去维持的那些关系，迟早都会断裂，让你变得一无所有。没有谁是依靠服从他人的一切要求来证明自己的价值和尊严的，不懂拒绝的人生，注定是一场苦涩之旅。

02 一切违心的接受，不过是在堆积委屈

生活中总有一些人和事是令人纠结的，面对那些诚恳的请求，明明很想说"不"，却因为各种各样的原因，违心地把这个字咽下去了。很难拒绝，不代表不需要拒绝，违心地接受，就被自己之外的人事所拖累，最后委屈痛苦的只有自己。

Wendy和同事R的私交甚好，两人年龄相仿，又很谈得来，下班后经常一起逛街、吃饭、运动，两人都觉得能在职场里交到如此知心的朋友不容易，因而惺惺相惜。

在同一个部门工作了3年，R的勤奋好学和出色业绩，赢得了领导的赏识，在年会上被晋升为业务小组的负责人。为了庆祝自己的"成功"，R邀请了几位朋友到家里聚会，算是庆功宴，鼓励自己继续努力。毫无疑问，Wendy也在被邀请的行列中。

作为R的好友，Wendy打心眼里为她的晋升高兴。虽然自己没有得到提拔，可她知道自身的问题在哪儿，并未气馁，也没有对R心存嫉妒。她很想参与这个聚会，但在得知聚会的举办时间时发

第一章
轻易让步的人生，注定是苦涩之旅

现，那天刚好是某乐团的演出日，而这场演出她已经等了很久，之前就因为有事没能去看。面对这个千载难逢的机会，她不想放弃。

Wendy很想把情况向R说明，可看到R兴致勃勃的样子，不想扫她的兴，话到嘴边又硬生生地咽了下去。她突然想到：如果自己不去赴约，R会不会觉得自己对她的晋升有不满？这样直接拒绝会不会影响两人日后的相处？思前想后，Wendy最终还是放弃了心仪的演出，决定去赴约。

聚会当天，大家玩得都很开心，R的准备也很充分，没有怠慢任何人。可是，Wendy却一直处于游离的状态，满脑子都在想演出的事。R是个敏感的姑娘，加之两人关系熟稔，自然看出了Wendy的心不在焉和强颜欢笑，毕竟Wendy平时不是这个样子。R心想：难道她不想来参加这个聚会？是不是心里有什么想法？

聚会结束后，大家陆续离开，R质问Wendy："今天我看你不太开心，有什么想法你可以直接跟我说，我不希望朋友之间有什么误会。" 无奈之下，Wendy说出了事情的原委，可此时此刻的解释，听起来可信度一点都不高，因为在R看来，这本就不足以成为理由。

这件事之后，两个人的关系不似从前，Wendy觉得很委屈，而R却认为Wendy那天的低落没那么简单。任何关系，一旦掺入了猜疑，自然难以长久。一段原本很美好的情谊，就因误解被彻底割裂。

如果一开始，Wendy直截了当地向R说明她的为难之处，并赠送一份心仪的小礼物，以表真诚的祝贺，既能让R了解到自己的心意，也可以满足自己的心愿。可她选择了违心地参加聚会，结果既没有全身心地投入到热烈的氛围中，也错过了期待已久的演出，最终还闹得两个人之间产生了误会。

人是难以欺骗自己的，在面对外界的各种邀请和请求时，哪怕当时不好意思拒绝，违心地选择了接受，可内心的不情愿不会放过自己，它会不时地搅乱你的安宁，让你不开心。内心的负面情绪不断积压、蔓延，就会成为一种"传染源"，让身边的每个人都察觉到异样。当你把消极的语气、情绪和表情传递给他人时，也间接地让他们接收了你的讯号，将其反馈到你身上。

人与人之间是平等的，没有谁亏欠谁，也没有谁对不起谁。只要问心无愧，不做伤害他人的事情，那么，面对他人的付出也就不必心存亏欠。一旦因为亏欠而做出有违内心的事，最终对不起的只有自己，委屈难过的也只有自己。

03 过度的迁就与付出，换不来爱与尊重

"我对他那么好，为什么他还会惦记着别人？"

"我对朋友向来有求必应，可到了自己遇难时，却没有一个肯为我两肋插刀的人。"

"我想不明白，为什么善良的人总是被人欺负？"

"……"

这样的情景，总是络绎不绝地呈现在生活中，让多少人不禁质问：到底是这个世界太薄情，还是当事人太自作多情？其实，事情没有那么复杂，生活也没有那么悲观，许多事情只要换一种处理方式，结果就会不一样。

在不少人的认知中，迁就和付出象征着善良和爱。他们总觉得，只要自己真诚待人，乐于伸出援手，就一定能换来收获，哪怕是牺牲了自己的一些利益，也在所不惜。殊不知，这种认识和做法是不理智的，当一个人只知道付出和迁就别人，他就不可能再成为自己了，他的生活也会被别人的各种要求填满。一旦你把这种善良

给了那些只知道索取的人，得到的不是同等的善待和爱，而是无情的践踏和伤害。

　　J是个温柔善良的姑娘，上大学时她认识了小她一届的男朋友，对方是一个艺术生。J大学毕业后，找到了一份薪资待遇还不错的工作，此时的男友正读大四。两个人交往了两年，感情很稳定，由于男友还在读书，而自己已经参加工作，J就主动承担起男友上学的重任，无论是学费、生活费还是日常花销，她都一力担当。

　　最初，男友很感谢J的付出，发誓毕业后一定好好回报她，毕业后就跟她结婚。有了这份承诺，J更加愿意无条件地付出了，不仅在金钱上支持男友，还主动搬到男友学校附近的公寓，方便照顾他，让他安心创作，顺利毕业。

　　渐渐地，男友理所当然地接受了J对自己的付出，有什么需求都会跟J讲出来。虽然有些需求会给J带来一些经济压力，可她还是不忍拒绝，尽量满足他。

　　男友毕业后，顺利地做了一名自由画家，J每天朝九晚五地上班，男友在工作室创作。半年的时间过去了，男友一直没有提结婚的事，J也一直憋在心里不好意思过问。J的父母知道她有男友，一直想见见他，此时她才向男友提及当初的"承诺"，也就是结婚的事。

　　面对J的质问，男友支支吾吾，总是找借口蒙混过关。J心里很

第一章
轻易让步的人生，注定是苦涩之旅

难受，可脸上并未表现出任何不满，而是默默接受了男友的借口。不久后，她从朋友口中得知，男友在学校里早就认识了一个漂亮的学妹，两个人经常见面。

J供养男友上学的事情，之前传遍了校园，也被誉为佳话。现在发生了这样的事，J感觉自己被逼入了一个骑虎难下的境地。她一方面不甘心，认为自己对男友那么好，他却对自己不忠，总想要一个说法；另一方面，自己之前付出了那么多，现在结束的话，一切都付之东流了，实在可惜。

我们可以设想一下：如果J的性格比较极端，她有可能会死缠着男友不放，不停地追问"为什么"；也有可能，她会从此不再信任其他异性，认为"天下乌鸦一般黑"，感叹男人太无情。作为旁观者，回顾整件事情的经过，你认为所有的问题都出在J的男友身上吗？真的是这个世界太过薄情，只会伤害无辜的人吗？

一个人心智成熟的标志，就是懂得为发生在自己身上的一切事情负责。在和男友的恋爱过程中，J已经完全丧失了自我，把对方视为生命，甘愿委屈自己去成全对方的需求，这种姿态本身就是一种讨好的模式。时间久了，对方会把一切当成习惯，J的付出就成了理所当然的事。至于感恩和珍惜，此时早已经无影无踪了。

善良可贵，但不能没有锋芒。习惯性的付出和迁就，很容易让人觉得你很软弱，导致你被对方轻视。与人相处，不仅仅是自己的事，也不仅仅是对方的事，而是两个人相互之间的事。想让他人以正确友善的方式对待自己，你就要先学会拒绝。拒绝是一种姿态，也是一种尊重，让人从内心里尊重你的选择。

当然，付出也要因人而异，有原则和底线，不能让自己的真心被随意地轻视。很多时候，你没有拒绝，没有说"不"，看似是为了照顾别人的感受，实则是一种纵容。其实，适当的拒绝，远比一味地付出和迁就更能让人明白该如何正确对待我们。

04　无法说"不"的人，容易被情感绑架

许多人在面对自己不喜欢、不想要的东西时，内心分明是抗拒的，却因对方的一句"都是为你好"，而默默地咽下了所有，强忍着真实的情感而选择接受。

路先生很讨厌吃生鸡蛋，可他的妻子却总是在早餐时给他准备一颗半熟的煎蛋。他看着黄色的蛋液流在盘子里，就忍不住作呕，可也知道妻子是好意，不忍拒绝。结婚五年，他就这样忍了五年。

在一次做心理咨询时，路先生跟咨询师说了这件事："我不敢告诉别人，太丢脸。"咨询师引导路先生做自由联想，路先生从妻子做半熟煎蛋的影子中，想到了自己的母亲。他的母亲很能干，年轻的时候每天早上要赶着上班，没有太多时间为他准备早餐，但为了顾及他的营养和健康，就会给他泡一杯牛奶，里面打一颗生鸡蛋。直到现在，每次在母亲家中住，早餐还是会见到这样的鸡蛋牛奶。

路先生:"那个味道真的难以形容。"

咨询师:"有没有尝试跟母亲说,你不喜欢喝这种东西?"

路先生不确定自己有没有拒绝过,但他确定母亲一定会说:"都是为你好。"

就是这一句"都是为你好",路先生每天强迫自己喝下那充满腥味的"鸡蛋牛奶",然后胃里一阵阵地作呕。有时,他也会到学校的厕所呕吐,但通常吐不出什么东西来,仿佛只是想吐出那一股被束缚的闷气。

路先生:"我不忍心拒绝,因为那是'为我好'。如果我拒绝,我妈可能会很难过,还会偷偷地掉眼泪,认为我伤了她的心。"

针对这个问题,咨询师和路先生专门进行了两次沟通。后来,他终于鼓起勇气,尝试对母亲说起这件事:"那个鸡蛋牛奶,真的很难喝。"他没有想到,母亲并未生气,而是很淡定地说:"我也觉得,那牛奶应该不好喝。"

听到母亲这样回答时,他忍不住激动。母亲说,那样做最方便,而且她觉得很有营养,应该对他比较好。结果,路先生下楼买了一包速溶奶粉,打了一颗生鸡蛋,让母亲尝尝味道。母亲喝了一口就吐了出来。

自那以后,"生鸡蛋"的问题再没有出现于路先生和母亲之间,而他也学会了直接把自己的感受告诉自己的妻子。那感觉特别

第一章
轻易让步的人生，注定是苦涩之旅

美好，路先生和她们一起打败了那句"都是为你好"，并一起打败了那个不敢放下情感包袱的自己。

一句"都是为你好"的情感包袱，让路先生从年少时代一直背负到结婚后，可见它的压力和负面影响有多大！现实中，这样的情况比比皆是，通常都是身边亲近的人以一种温柔的霸道，让我们感受到不容拒绝的软性要求，当我们被这种情感包袱捆绑时，就如同生活在茧蛹里，痛苦不堪，而又说不出口。

对那些为我们好的人，一定要鼓起勇气告诉他们，自己真正想要的是什么。不敢拒绝，不忍拒绝，换来的不是融洽的关系，而是被隐形的情感包袱造成的隔阂。

05 你永远不可能做到，让所有人都满意

英国作家毛姆的小说《啼笑皆非》中讲过这么一个故事：

一个不起眼的小人物，平时总是被人忽略，没有谁关注他，也没什么人跟他交往，以往的朋友跟他的关系也日渐生疏。突然有一天，这个小人物出名了，大街小巷无人不知他的名字。为此，上门道贺的人络绎不绝，认识的或不认识的人，全都自称是他的朋友。

这时，一位过去的老友也前来道喜，到底要不要见他呢？他心里很矛盾：这么长时间没联系了，见面也不知道说什么，强颜欢笑不过是浪费彼此的瞬间；可人家也是一番善意，专程来拜访，若是避而不见，未免显得太小气。在万般纠结之下，他还是决定见这位昔日老友。

简短的交谈过后，这位老友向他发出邀请，请他到家里吃饭。本来这次见面就已经让他很为难了，想到马上还要再次见面，并在对方家里用餐，他更是抵触。可看对方如此热情，他难以拒绝，最后只好假装开心地接受了。在朋友家里吃饭时，为了避免

第一章
轻易让步的人生，注定是苦涩之旅

饭桌上尴尬冷场，他刻意制造话题，可气氛还是很沉闷，那顿饭吃得无比煎熬。

两次见面让小人物深感痛苦，可他碍于礼节，之后又回请了朋友吃饭。可是，该带朋友去哪儿吃饭呢？他心想，自己现在怎么说也是一个名人，做事得有面儿，总得找个妥当的去处，既不失自己的身份，也能让朋友开心。如果去太高档的地方，怕朋友会多想，认为自己在臭显摆；去普通的饭店，又怕朋友觉得自己小气，怠慢了朋友。为了这件事，他反复琢磨，越想越烦……

故事经过艺术加工，略显夸张，但却源于现实生活。从一开始，小人物就应该直截了当地拒绝，跟对方说清楚，这样的话，就不会有后续的一系列麻烦事儿。可是，碍于面子和"不好意思"的心理，他还是违背自己的意愿，接受了朋友的拜访，并到对方家中吃饭，最后弄得双方都很尴尬，自己也疲惫不堪。

许多人在面对那些不想接受的请求时，都会犯同样的毛病，不好意思开口拒绝，似乎只要说了"不"，就等于伤害了对方，还会心生愧疚。

其实，大可不必如此。许多时候，这种认知只是一厢情愿的想法，别人在开口请求的那一刻，早就做好了被接受和被拒绝的双重思想准备，就算你拒绝了他，对方早有这个心理准备，不会如你想象得那么难以接受。

我们的时间和精力都是有限的，在同一时间只能作出一个选择，这就意味着，我们必然得放弃和拒绝一些东西。如果不懂拒绝，所有违心的、不喜欢的东西都全盘接受，就等于在给自己加压和受虐。

不要认为无条件接受是一种仁慈，会换来他人的感恩戴德，但残酷的真相却是，就算你做到尽善尽美，也不可能让每个人都对你感到满意。更何况，在力所不能及的情况下答应别人的请求，结果必然好不到哪儿去，最后落得的下场，往往就是费力不讨好。

拒绝不喜欢、不合理的请求，是你的权利，也是你尊重自己的选择。我们都不是圣人，也不是超人，做任何事都不可能维护所有人的利益、照顾所有人的感受，在这个时候，顺应自己的心声，尊重自己内心的情感，坚持自己的立场，对不想要、不需要的人和事说"不"，才能保持从容的生活状态，而不至于被违心应承下来的负担压得透不过气。

很多时候，我们无法阻止事情的发生，但我们有选择拒绝的权利。拒绝的意义有很多，不要把目光聚焦在"驳人面子"这一点上，它也是你坚守信念、捍卫尊严的利器，更是主动追求理想生活的选择。任何时候，切记不要轻易放弃这项权利！

06 越是放弃自己的利益，反感你的人越多

"现在越来越怕看到姐妹群里发来消息，总觉得我就是她们的奴仆。那几个姐妹都是我闺蜜，在国内时经常聚在一起，也帮过我一些忙。我到美国工作后，隔着12个小时的时差，经常会在半夜收到消息，内容无非就是合伙支使我，让我帮她们代购。

"如果偶尔代购一次，也没什么问题，就当帮个忙而已。现在，隔三差五就要我帮忙代购，而且好久才把钱还给我，一句谢谢都没有，好像我为她们跑腿是应该的。别说是闺蜜，就算是亲姐妹，也不该这样吧？

"好几次我都想回绝，可彼此太熟悉了，且姐妹群里有四五个人，要是我回绝了其中一个，她们势必都会知道，还不知道私下里会怎么议论我呢？可若不说，我也是有正常工作的人，也需要娱乐和休息啊！真是头疼死了……"

这是身在美国的一个女生的真实感受，她的处境很像是英国电视剧《唐顿庄园》里的那个厨房女仆，没有任何的地位和尊严，人

人都可以支使她。她不断地选择隐忍，不断地退让，内心的苦涩只有自己知道，却还是不好意思拒绝。

也许，这个女生希望用隐忍换来姐妹的认同和好感，可是，一个人越是放弃自己的利益，讨厌和反感他的人也越多。一项调查结果显示，超过47%的人都对那些不能坚持立场的人持反感态度，而不是同情和欣赏。事实上，人们并不喜欢不敢拒绝的人。看到这个结果，恐怕那个女生会很失望，也会很难过吧！

在利益面前，我们不需要过分谦让，应当大胆争取自己应得的利益。像前面谈到的那个女生，"闺蜜帮"频繁要求她代购，且许久才给钱，这样的问题显然已经侵犯了她的利益，她没有制止和拒绝，而是碍于面子选择了纵容。

在利益的问题上，选择维护和捍卫自己的利益无可厚非，毕竟人人都要生活，都要实现个人价值。无论是生活还是工作，要求自己应得的东西是合情合理的，任何关系想要长久都不能依靠单方面地付出。

25岁时，日本吉田忠雄创办了专门生产销售拉链的三S公司。50岁时，吉田忠雄建成了世界一流的拉链生产工厂，完成了年产拉链长度绕地球一周的宏伟志愿。每当有人追问他成功之道时，他总是笑着说："我不过是爱护人和钱而已，人人为我，我为人人，不为别人利益着想，就不会有自己的繁荣。对赚来的钱，我也不全部花挥，而是再投资于机器设备上。一句话，就是善的循环。"

不要认为碍于面子不忍拒绝，牺牲自己的利益去成全他人，是多么伟大的壮举。实际上，这是一个"恶"的循环。你越是退让，别人越不懂得尊重你，而你拱手让出的应得利益就越多，等于在不断掏空自己。

当一个"禁欲者"，并不意味着多么高尚。马克思曾经批判禁欲者说，"灭绝情欲"的禁欲主义"连对火炉旁的狗也不会发生什么鼓舞作用"，它不过是为了获得或者成为"禁欲的然而只能是从事生产的奴隶"。

人当有所为，有所不为。所谓"不为"，其中就包括拒绝不合理的请求。当他人的请求和做法侵犯到你的利益时，绝不可以无动于衷，此时的拒绝是保护自己、对自己负责的表现。记住，拒绝不是绝情，而是一种点到为止的理性，一种为人处世的智慧。

07 没有拒绝的能力，只能被人牵着鼻子走

美国第十九任总统拉瑟福德·伯查德·海斯，在没有担任总统之前，曾经拒绝竞选活动。当时的他是陆军少将，有人建议他去搞竞选，他坚决不同意，说："我现在还有别的事要干，一名在职军官在这种危急关头擅自离岗去搞竞选，我想无论是谁都应当枭首示众。你们完全可以相信，我绝对不会干这种事情的。"

也许，就是凭借这份爱国主义的热情，海斯当选为1865年的国会众议员。此后，他三次当选俄亥俄州的州长，大刀阔斧地对俄亥俄州进行改革，让监狱、精神病院、教育部门等都有了明显的改变，深得民心，为他走上总统宝座奠定了基础。

在格兰特政府腐败和持续经济萧条的情况下，海斯以185票的优势当选为总统，并宣誓就职，成为美国第十九任总统。倘若当初他放弃了自己的军事选择，全力以赴地竞选活动，或许他在人们心目中的就不再是爱国主义人士的形象了。他当初的拒绝，就是一种制胜的手段和资本。

第一章
轻易让步的人生，注定是苦涩之旅

不是自己分内的事，就果断地拒绝；不干涉别人，也不让别人干涉自己，让生活和工作不轻易被打扰，专注于自己真正要做的、该做的事，是聪明理性的选择。作为一个完整的自我，从个人责任的角度出发，先把自己的正事处理好，在有余力的情况下去做其他事，才不至于顾此失彼，让自己疲惫不堪。

Nina是一家公司的编辑助理，有段日子，她手头上的工作特别多，主管又准备布置新的编审任务，当时她犹豫着要不要接，可怕主管说自己没有承担，还是接了下来。那段日子，可把她累坏了，没日没夜的工作，结果交上去的稿子问题还是很多，原本可以完成好的工作，最终也没弄好。

除了对主管不敢说"不"以外，她还经常帮同事的忙。有人让她帮忙打个电话，取个快件，或是写一份简短的总结，虽然都不是什么大事，还是会耽误不少工作时间。特别是工作繁重的时候，她根本没法专心致志地把手头的事情做好。

吃了多次苦的Nina，最后终于悟出了一个道理：人的精力有限，拒绝再难说出口，但该拒绝的时候还得拒绝。不能因为对方是领导就不敢拒绝，也不能因为对方是同事就不好意思拒绝，否则就只会把自己累垮。

Nina说，自己还算是比较理智，公司里也有跟她一样的人，领导布置了任务，他完全接纳；同事、部门之间要求合作、协调，他也不拒绝。结果，他的工作越来越多，有一天他跟Nina说，自己实在是太累了，可又没法拒绝。总是来者不拒的态度，突然间拒绝别人，肯定会被说闲话。最后，那位同事离职了。

提到这种心理，Nina说她自己也有过。开始总是担心一次拒绝会让人对自己产生看法，可后来的一件事让她发现，只要懂得拒绝，讲求点方式，反倒会为自己赢得尊重。

有一次，因为部门之间需要协调，她给财务部的同事打电话，说想要对方提供一份清单。财务部的同事很坦然地告诉她，自己最近很忙，没有时间做清单，但她可以帮Nina联系到其他人来做这件事。

这件事之后，Nina做了换位思考。财务部同事拒绝了自己，可又找了一个很好的台阶，她心里还是挺欣慰。仔细想想，人家也是集中精力做自己的本职工作，就是没有帮自己联系谁，那也无可厚非，可以理解。况且，这也是一种负责任的体现。

不要做"累无止境"的冤大头，学会照顾自己的需要，站在自身的出发点去对待别人的不合理要求。拒绝，会减少其他人命令你和麻烦你的机会，你学会了"好意思"，别人在你面前才会变得"不好意思"；掌握了拒绝的能力，成为一个支配者，才不会别人牵着鼻子走。

第二章

为什么你宁肯说谎，也不愿说不

01 拒绝的情境会勾起早年的创伤体验

拒绝，看起来很简单的两个字，却是多少人的致命软肋。

Jessica是个好说话的姑娘，周围人都说她善解人意，可这个好姑娘，活得一点也不开心，经常会陷入纠结矛盾中，面对"两个我"的内战。

内在我："为什么要答应朋友的邀约？周末分明已经有安排了。"

现实我："她难得约我一次，不去不太好吧？"

内在我："难得有个清闲的周末，可以安心地休息一下，在家读两本书。"

现实我："如果我拒绝了，她会不会失望？会不会伤害我们之间的情谊？"

Jessica不敢作出拒绝的决定，依靠的不是理性的分析，而是出于害怕伤害朋友的心理。为了保证朋友不受伤害，她只好委曲求全，选择答应，把痛苦留给自己。如果她拒绝了朋友的邀约，结果

第二章
为什么你宁肯说谎，也不愿说不

究竟会不会有她想得那么严重呢？事实上，这结果完全是她内心的投射。

不好意思拒绝别人而委屈一下自己，一次可以，两次也无妨，毕竟人活一辈子，难免要受点委屈。可是，长期如此，用这样的姿态面对所有人，人生会变成什么样呢？轻则，没有自主能力，不管做什么都要依赖他人；重则，产生严重的心理问题，抑郁或躁狂。到头来，伤害的只有自己。

乌小鱼有一幅刷爆网络的心理漫画，标题就是《为什么你会不敢拒绝别人》。这幅画适用于所有出于怕对方难过失望而不敢拒绝的群体，因为它告诉了你从未思考过的真相。

（以下是漫画《为什么你会不敢拒绝别人》的对白，略有改动。）

"星期天还在加班呀？"

"是呀，可烦了！我的前任老板，请我帮忙策划一个紧急项目，这项目不是我喜欢的类型，可我又不好意思拒绝他……他那么欣赏我、信任我，以前待我也不薄。难道，我不该回报他吗？可是，我的假期计划又要泡汤了，好纠结啊！"

"噢，除了你之外，没有别人可以做了吗？如果你拒绝了，会怎么样？"

"对方会很失望。"

"对方失望了会怎样？"

"我会难受，内疚。"

"那你以前有过类似的感受吗？"

"有……（催眠状态中）我想起小时候的一件事。我看到一堵墙，隔开我和妈妈。她在客厅，我在卧室，我不肯背单词，妈妈很生气……"

"把当时的感受说出来好吗？"

"我好内疚，我惹妈妈生气了，妈妈很伤心。我感受到妈妈很无助，她有许多压抑的苦，妈妈过得并不开心。"

"（片刻后）现在感觉怎么样？"

"胸口没那么堵了。"

"和妈妈说出你真实的想法好吗？"

"妈妈，我知道你很生气，很难过。可是，我现在不想背英语单词，等我想背了再背，好吗？妈妈，请你尊重我，理解我，好吗？"

"再多说几遍吧。"

"……（催眠状态中）妈妈同意了，她说，改天再背吧！我和妈妈都平静了下来。我突然清晰地感受到，妈妈的难受不是因为我，她本来内心就有许多痛苦和无助。"

"好的，恭喜你，看清了真相。"

第二章
为什么你宁肯说谎，也不愿说不

"（睁开眼，回到现实中）我决定，还是明确地拒绝前老板，并告诉他真正的需要吧。"

这幅漫画的内容，是否碰触到了你的某一根敏感神经？抑或者让你对拒绝他人这件事，产生了新的认识和看法？有触动的话，就意味着有改变的可能，这是一件好事。

我们应当清楚一件事：有时，就算我们的拒绝是合理的，对方也难免会生气，可这不是我们的错。面对这样的情形，不必有太多的内疚。有些人难过，是因为这种拒绝的情境，让他重新体验到成长过程中的某种痛苦，而那不是你造成的；有些人难过，是因为他们本身缺乏同理心，无法设身处地地为你着想。如果有一天，当他们真正长大和成熟（心理上的），再回想起这些事，对你的怨言自然会烟消云散。

02 通过拯救别人，来确认自己的价值

心理学研究发现，婴儿有一种全能的自恋感，他会认为，全世界都是围绕着自己转的，一切都跟自己有关。别人开心，他会觉得是自己带来的；别人难过，他也觉得是自己导致的。可以说，我们从很小的时候起，就已经认定一些事情是自己的责任和过错了。

每次提到"家"这个字，M都会深吸一口气。在她的记忆中，"家"是跟难过在一起的。读初中时，父亲突然失业，家里的经济状况一下子变得很拮据，父亲四处找工作都没有着落，自此开始借酒浇愁。染上酗酒的毛病后，父亲的脾气变得很坏，家里的氛围总是很紧张，让人透不过气。

M目睹着家里发生一切，却要故意装成什么都不知道、没看见的样子。她努力学习，心里总想着："要是我能更懂事、学习更好、每次都考第一，父母就会高兴，家里的问题就能解决，都是我不够好……"

请注意，当一个人心里有这样的想法，说明他已经在归罪自责

第二章
为什么你宁肯说谎，也不愿说不

了，原因是他想对这一切负责。此时，负罪感和低价值感开始形成，会让人经常无意识地陷入到帮助和拯救他人的思维中去。

以M为例，除非她能保证一辈子都成功，不会遇到任何层面和意义上的失败、挫折、批评，不然的话，那些东西对她而言，就是巨大的灾难。它们会直接或间接地导致M的自尊心被打击，感觉自己不如别人。有了这样的想法后，在感觉自己不好的时候，她会想：如果有人喜欢我、认可我，那是多看得起我啊！

低价值感的人，会非常渴望别人的接纳，用"受欢迎""被喜欢"的形式，来证明自己是好的。他们会认为，只有自己能给别人带来好处，才能够被喜欢。试问：自认为没有价值，生怕别人不喜欢自己，又如何敢拒绝别人、对别人说不呢？

公司经理安排John到外地的施工现场出差，时间在半年左右。谁都知道，出差是一件辛苦事，而且项目所在的工地非常偏僻，条件异常艰苦。经理要求出差，却对加薪之事只字未提。John心里有两个想法：要么拒绝出差的安排，要么提出加薪的请求。可惜，这两个想法在他心里翻腾了半天，一个也没有说出口。

分析John的心理状态，很容易就能解开"他为何不敢开口"的谜底：他害怕拒绝出差的要求，会让经理大失所望，认为他不是一个有担当的人；他害怕提出加薪的要求，被经理回绝。这两点对他而言都是致命伤，会触及内心最脆弱的地方——自我价值感低！

其实，在尚未开口提出加薪的诉求之前，已经有一个声音和画面在John的脑海中出现："也不看看自己几斤几两，事情还没有做就提出加薪？你的工作业绩呢？你有什么资格提出加薪？"这是最让John害怕的东西。就算他之前对公司做出过巨大贡献，他也认为不值一提，别人比自己更厉害、更有价值。

低价值感的人，听不见自己内心深处的声音，把让别人高兴当成自己的宿命。就算听到了内心的呐喊"我真的很累，不想做这件事"，也不去理会，反倒对自己更加鄙视和严苛。因为不敢让别人失望，害怕不被人喜欢，他们就会变得敏感，去猜测别人的想法，以及别人对自己的态度，过度解读他人的表情、眼神，看到别人不高兴，就把问题归咎到自己身上。

至此，你可能也明白了，想要有拒绝他人的勇气，前提是先建立自信，为自己树立界限，睁开眼睛去看看那个叫作"恐惧"的怪物。知道低价值感的起源，知道为何自己害怕拒绝，看到自己之前所承受的重担和束缚，用悲悯和爱护代替对自己的苛责，逐步树立起拒绝他人的勇气和信心。

03 内心缺乏力量感，只好步步退让

你有没有遇到过这样的人？他们从不跟任何人红脸，也不会与人争执，哪怕受了委屈、被侵犯了利益，还口口声声说"吃亏是福"。这样的处事方式，看起来像是与世无争，其实是没有原则和底线的隐忍，内心不够强大，缺乏拒绝的能力。

要判断一个人在社交中的心理成熟度，最简单的方式就是，看他能否自如地对别人说"不"，能否主动要求别人帮助自己，能否承受别人的拒绝。一个不懂得拒绝和反抗的人，往往会掉进恶性循环的怪圈：你越是退让，别人越是步步逼近；你越是逆来顺受，别人越是变本加厉。不断让步和逆来顺受的结果，就是内心越来越软弱。

为了兼顾工作和孩子的教育，杰克为孩子们请了一位住家的教师，名叫尤利娅。她是一位涉世不深的年轻姑娘，性格温和，很好说话。让杰克不解的是，2个月结束后，尤利娅竟然没有跟他要薪水，这让杰克感觉很不好。

那天，杰克主动把尤利娅请来，对局促不安的她说："让我们算算工钱吧。你可能要用钱，但你太拘泥礼节，自己不肯开口。你已经工作两个月了，上个月的薪水我都没有发给你，我们和你谈过，每月30卢布……"

"40卢布……"尤利娅轻声地说。杰克摇摇头，打断尤利娅的辩解："不，是30卢布，我这里有记录。我向来都是按照这个价格来给家庭教师付钱，你待了整整2个月。"

"2个月零5天……"尤利娅小声地辩解。杰克再次打断她的话："就是2个月，我这里有记录。按理说，我要支付你60卢布，扣除9个星期天的工资，星期天你不用给孩子们上课，只是陪他们玩。另外，还要减去3个节日……"

尤利娅的脸涨得通红，双手攥紧衣襟，可还是一言不发。杰克继续计算："3个节日一并扣除，应该扣12卢布。孩子有病4天没有学习，你牙痛3天，夫人准许您午饭后歇息，扣除这些之后，应该是41卢布，没错吧？"

此时，尤利娅的眼睛已经红了，轻声地咳嗽起来，可她还是什么都没有说。杰克见她没有异议，再次埋头计算："你打碎了一个带底碟的配套茶杯，扣除2卢布。由于你的大意，孩子爬树撕破衣服，扣除10卢布。女仆盗走皮鞋一双，也是你玩忽职守导致的，再扣除5卢布；9号那天，你支取了9卢布……"

第二章
为什么你宁肯说谎，也不愿说不

尤利娅嗫嚅道："我没有支过。"杰克指着账本，说："这里有记录的，41再减27得14。"尤利娅的眼泪已经止不住了，她用颤抖的声音说："我只从夫人那里支取了3卢布，此外就再没有支过。"

杰克看了看账本，说："是吗？这么说，是我漏记了？从14卢布里再扣除3卢布，那就是11卢布。这是你的薪水，拿好了。"尤利娅接过钱，小声地说："谢谢。"

这时，杰克忽然站起来，开始快步来回行走起来，他急促地问："为什么要说谢谢？分明是我洗劫了你，是我偷了你的钱，你为何还要谢我？你不应该愤怒吗？"

尤利娅说："在其他地方，一文钱都不给。"杰克叹了一口气，说："难怪，你的经历太残酷了。刚才我是在跟你开玩笑，80卢布我早就给你装在信封里了。我只是不知道，你为什么不抗议？为什么沉默不语？为什么这样软弱？"

故事源自生活，也许没这么夸张，却也是现实的缩影。尤利娅没有做错任何事，可在面对自己应得的利益时，却没有一点点理直气壮，反倒像是在等人施舍。从一开始，她就没有把自己和雇主放在等同的位置上，甚至认为是别人施舍了自己一份工作，能够给予自己工资，已经莫大的恩惠，却不认为这是自己辛苦劳作换来的工资，它本就是自己该拿的。

从心理学角度来说，个人的拒绝能力和内心强大与否有着密不可分的关系。一个不敢拒绝别人的人，内心肯定是软弱的；敢于拒绝别人的人，内心无疑是强大的。奉劝像尤利娅一样的朋友：你有说"不"的权利，也有争取自身利益的资格，不必活得如此小心翼翼，对他人的践踏逆来顺受。你的退让，得不到想要的结果；唯有强大内心，在该拒绝的时候勇敢说不，才能让别人看清你的底线，从而行有所止，不再随意践踏。

04 过度的付出只会换来对方的不在乎

有人说:"要终结一段关系,最有效的办法就是——过度付出。"

她本是一个很有前途的女模特兼演员,人长得漂亮,头脑也聪明。25岁年,她遇到了比她大20岁的男导演,并爱上了他。不过,这个男人很独裁,希望生活中的故事都要按照他的理解去演绎,生活中的人也要受他的支配。

陷入爱河中的她,出于对男人的爱和敬佩,她接受了他的掌控和指挥,满足他的所有要求。在外人看来,他们是天造地设的一对,而她也觉得很幸福,跟朋友说:"以前我是很叛逆的,他完全改变了我,我从来没有想过,我会成为现在的样子。"

他认为她的头发颜色不好看,她就按照他的喜好去染色;他说吃油会让她大腿的赘肉越来越多,她就干脆吃素;他认为女人喝含酒精的饮料会显老,她就戒掉了酒;他喜欢笑不露齿的女人,她从此就不敢大声地笑;他慷慨地为她买了新衣橱,为她挑选衣服和鞋子,她都欣然接受,并说:"既然是他付钱,那么他替我挑选衣服和鞋子，不是应该的吗？"

她，从头到脚，彻底大变样。

有时，她也会对自己的巨大改变感到不适，可他却说："我正考虑要跟你结婚，一起生活，所以才会提出那些穿衣打扮的建议，我希望你变得更漂亮。我承认，我不是很能容忍女人身上的缺点，那是因为我希望自己的妻子更加完美。"他会谈论自己的前几任妻子："真正让我伤心和不满的是，跟我结婚之后，她们都放弃了完善自我的努力，婚姻自然也就走到了尽头。"

听到这些后，她向他保证："我会永远努力让你满意。"他带着她去看了整形医生，隆胸、隆脸颊，改变面骨结构，把嘴唇、眉毛和眼线永久着色。然而讽刺的是，他越是改造她，她就越对自己没有信心，认为自己简直一无是处：如果自己本身不错的话，又何必这样改造呢？

在努力让他满意的过程中，她对自己失去了身份认同，对他充满了依赖感，做每一件事都希望得到他的指点和同意。她害怕自己的行为会出错，会被抛弃。可最后，她最担心的事情还是发生了。

她说："从头至尾好像是一个笑话，可它对我来说，一点都不好笑。他最终还是离开了我，不管我多么愿意牺牲自己来让他满意。可悲的是，当我照镜子时，我看到的，已经不是我

第二章
为什么你宁肯说谎，也不愿说不

自己了。"

无论男女，在努力让他人满意的路上越陷越深，最终都会失去对自我的控制，失去自己的本色，更别说是两性关系了。任何一段感情都是需要平衡的，单方面的付出或者索取都会打破平衡，让关系走向破裂。很多时候，你以为自己毫无保留的付出换来的会是对方的珍惜，事实却是，过度的付出只会换来对方的不在乎。

心理学上有一个理论叫作"认知失调"，简单说来，就是谁也不愿意承认自己是愚蠢、错误的。当你选择付出牺牲时，作为被施恩对象的心中就会产生一种愧疚感，而愧疚感往往是一个人最不想背负的东西。

最初，这种愧疚感还少，对方或许还会产生感恩心理，觉得你为自己付出了这么多，应该好好珍惜来给予回报，从而会更爱你。如果你过度付出，并且一直不求索取，时间一久，逐渐变多的愧疚感就会将对方压垮。为了逃避这种愧疚感，对方会转而觉得你的付出是应该的，自己并没有任何过错，甚至认为你根本不值得平等对待。

人本主义心理学家罗杰斯说过：我们的生命过程就是做自己，成为自己的过程。一个人的生命意义就在于选择，只有不断为自己的人生作出选择，才算是真正地活过。如果生活处处被人安排，无论这种安排多么完美，都会让人丧失自主的能力。

为别人而活的行为看似伟大、无私和忘我，实则是在忽略自我需求，削弱自我意识，失去对自我的掌控。那样的人生，不会得到美好的结果，只会凄凉收场，我们都当有所警醒。

第二章
为什么你宁肯说谎，也不愿说不

05 不愿自己作决定，害怕说出真实想法

"假期想去哪儿玩？"

"听你的。"

"晚饭想吃什么？"

"随便。"

"周末想去逛街吗？"

"都行。"

这些答复听起来熟悉吗？习惯说这些口头禅的人特别"好说话"，不管别人提出什么建议，他们都会应声附和，不会提出异议。

表面上，可能是他们害怕驳人面子，给他人造成伤害；可透过这个现象去看本质，就会发现，他们不敢拒绝的真正原因是，很少自己做决定。

久而久之，这种习惯就让他们变得不愿意表达真正的内心，不愿意说"不"。一味地隐藏真实的自己，结果会是什么样？很显

然，就是没有底线，犹犹豫豫，纠结不已。

美国前总统里根，年少时并不起眼，甚至还有点怯懦。有一回，他走进一家定制鞋店，想给自己定做一双皮鞋。鞋匠问他："你想要圆头的，还是方头的？"里根当时愣住了，他压根就没有想过这个问题。鞋匠让他回去想想，想好了再过来。

几天后，里根有了自己的想法。可是，再见到鞋匠时，他却纠结起来，没有把自己的想法说出来，而是说："我不知道哪一款适合我？您能帮我做决定吗？"听到里根这样说，鞋匠点点头，让他两天后来取鞋。

两天后，里根再次来到鞋店，可他发现鞋匠为他做的鞋子，一只是圆头的，一只是方头的。原本，他很想拒绝收鞋，可想到是自己让鞋匠替他做主的，也就无可奈何地收下了。

看到沮丧的里根，鞋匠说："我知道，此刻的你很想对我说'不'，因为前几天是你让我做决定的，所以你无话可说。这是我给你的一个教训，希望你明白，要学会自己做决定。这样，你才有否定我的机会。"

鞋匠的话，让里根陷入了沉思中，然后又用力地点了点头。成年后的里根，回想起这件事时说："它给了我一个教训，让我明白必须学会自己做决定。如果犹豫不决，就等于把主动权交给了别人，将来就算想拒绝，也会因为先前自己的选择而无话可说。总想让别人替自己做决定,后悔的一定是自己。"

要学会拒绝,显得赋予自己做决定的权利。当你敢于说出自己真实的想法,才有勇气去做否定的回答,这是建立自我定位、强大内心的必经之路。如果从来都不曾自己做决定,即便开口拒绝,底气也是虚弱的、苍白的。

那么,如何才能学会自己做决定呢?

不善于自己做决定的人,很喜欢把"对不起"挂在嘴边。在他们看来,自己的错误会导致很多问题,总是担心自己伤害到别人。在这种心态的作用下,他们就更不敢自己做决定。

要学会自己做决定,必须得克服这个问题,就算是真的犯了错误,也要扪心自问一下:这个错误是不是那么严重?是否有人表现出了不满?

如果答案是否定的,就要放弃那些无谓的认错。可能一开始会觉得有些不安,只要勇敢地迈出这一步,就会发现有些错误无论是谁都难以避免,如此的话,内心就会坦然许多。

不善于自己做决定的人,还有一个问题,就是凡事都喜欢问别人。这种做法,反而会刺激周围的人总是帮他们做决定,时间久了,就变成了习惯,遇事就想到求助。为了杜绝这样的问题,就得从小事入手,试着自己去做决定,哪怕错了也无妨。当逐渐习惯了不再事事求人,也就敢于自己做决定了。

还有一些人，不敢自己做决定，是因为在面对选择的时候，总是会想：这件事放在××身上，他会怎么做？他遇到同类的问题时，是如何解决的？一旦形成思维定式，就会不由自主地去模仿。所以，一定要克服这个习惯，用自己的思维去判断，并不断告诉自己：可能我的想法更好呢！

如果能试着做到上述要求，就会在遇到选择时逐渐克服不安，敢于说出自己的想法。有了这样的底气，也就敢把拒绝的话说出口了。

06　性格内向，因为羞怯不好意思拒绝

什么样的人，最不好意思拒绝别人的请求？

毫无疑问，就是性格内向、容易羞怯的人。

内向的人不太擅长交际，也不爱多言，他们说出来的拒绝，总是给人一种软弱无力之感，听起来信服度一点也不高。更多的内向者，即便内心已经十分拧巴，把真实的想法默念了100遍，可到了嘴边依然开不了口。

在即将举行婚礼之际，新娘Lucy突然提出取消婚约，和新郎分手。得知消息的亲友们，都感到很惊愕。Lucy心里很清楚，发生这样状况着实让家人尴尬，可她实在顾不得面子了，毕竟这是自己的人生大事，不能无视那些已经暴露端倪的大问题。

Lucy取消婚约的原因，是她无法忍受K的懦弱性格。K从事程序员工作，接触的人不多，性格内向，许多事情都习惯让Lucy拿主意，Lucy起初认为这是K对自己的尊重，但因为预定婚礼现场的事，她却发现这个男人"太窝囊"。

他们原本决定，订婚后就去办理结婚手续，三个月后举行婚礼，并通过婚庆公司预订了一家五星级的酒店。Lucy临时出差去国外，就将这件事交给了K来处理。可没想到，酒店因为当月临时有其他任务，不得不取消他们的婚礼。按理说，婚庆公司只要给他们换一家同级别的酒店，并说明情况，也不是什么难解决的问题，没想到他们却擅作主张，把酒店换成了一家四星级的。K虽然得到了通知，内心也很生气，可他只是轻描淡写地说了一句"这也太过分了"，就没有再追究。

Lucy在国外出差，事情繁杂，K不想影响她的工作，也就没有告诉她。等Lucy回来后，得知情况后，勃然大怒。她问K："为什么你当时不回绝？现在离婚期还不到2个月，再换婚庆公司也来不及了，你为什么当时不问问我？"

K低声说："我觉得这样也行，不是什么要紧的事，就不想让你分心。"

Lucy更生气了，问道："那什么才是要紧的事？"说完，她就打电话给婚庆公司，对方给出的回答是：当时K已经口头答应了，而且他们也跟酒店预定好了，就算是取消的话，定金也是不退的。

听完这些，Lucy当即决定取消婚约。可让她没想到的是，虽然K很难过，可他却连一句"我不同意取消婚约"的话都没说。为此，Lucy哭了好几天，她也舍不得这段感情，可这个男人的处事作风实在让她失望,不知道今后在一起生活会是什么样?K的懦弱性格已经形成,要改也不是那么容易的事。长痛不如短痛,与其到那时后悔,还不如现在忍痛分开。

K不晓得婚庆公司的做法太过分了吗?当然不是,他心知肚明,只是碍于内向和羞怯,不好意思开口去争讨本属于自己的利益。这是此类人处理问题的一贯作风,哪怕知道一件事已经出现了很大的纰漏,也会因为各种心理原因的纠结,把准备好的话咽在肚子里。

性格的内外向,不存在好坏之分,你可以保持内向的性格,但一定要明白:内向不等于怯懦,要克服羞怯的短板。

有些人羞怯,是因为自尊心太过膨胀,担心在众人面前说话,会暴露自己的弱点和短处,因而干脆三缄其口。其实,这都是自我制造的阴影,一定要强迫在生活和工作中自己表明态度,哪怕别人不采纳,也要坚持发言,一旦你的想法被认可或采纳后,自尊心就不会因为羞怯而扭曲,也会带给人表达的勇气。

还有些羞怯的人,一方面是心理因素不好意思说,另一方面是不知道如何组织语言完整地表达出自己的意思,两者叠加起来,就形成了恶性循环。要阻止这样的情况发生,就必须培养自己的表达能力,积极一些,大胆一些,时间久了,就会从量变中看到质变。

07　虚荣心过于强烈，宁愿打肿脸充胖子

妻子："是不是××又找你借钱了？"

丈夫："哎，他家里遇到事情了，着急用钱。"

妻子："你借给他多少钱？"

丈夫："借了3万。"

妻子："家里备用的现金就只剩下1万了，哪儿钱借给他？"

丈夫："我帮他找N借了2.5万，从家里拿了5000。"

妻子："你到底怎么想的？没有钱就不要借了，谁都有自己的难处。"

丈夫："都是朋友，求到你头上了，怎么好意思拒绝？"

上面的情景经常会在生活中上演，朋友来借钱，自己没有财力，怕被朋友看不起，宁愿从其他处借钱给对方，也不肯开口回绝。等到自己急用钱时，或是"债主"找上门时，又不好意思向那位欠钱的朋友要账，只好自己背着。这样的人，完全是被虚荣束缚住了，宁肯自己受罪或遭受损失，也不愿意拒绝，总觉得拒绝是无

第二章
为什么你宁肯说谎，也不愿说不

能的表现。

这种为朋友两肋插刀的做法，固然令人敬佩，但这种行为却不值得提倡。特别是在自己不具备足够实力的情况下，对于朋友的期望有求必应，这不是一个成熟之人该有的行为。

S是个热心肠的人，唯一的毛病就是太爱面子了。不久前，身为私企老板的H找到S，两人是旧相识，但近两年都只是通过网络联系，没怎么见过面。H希望跟一家酒店进行商务合作，而他知道S在这家酒店工作，自然就想到找他帮忙。

不过，H根本不知道，S早在年初就因为跟领导出现摩擦，已经离开了那家酒店。可看到H为此事专门设宴招待自己，加之喝了点酒，S就拍着胸脯说："这事儿包在我身上了。"

H不希望S为难，特意说明："千万不要勉强，我们是新公司，谈判的主动权不多，你有什么问题就直接跟我说，不行的话，咱们再想其他办法。"

听到H这么说，S更觉得要维护自己的形象了，他说："我怎么也是这行里的人，这事你就放心吧。"

第二天，为了H的事，S开始忙活起来。不难猜到，一个已经离职的员工，加之跟领导发生过摩擦，怎么可能跟原单位保持密切的关系呢？转眼，半个月的时间就过去了，S这边没有任何进展。

等待消息的H自然也很着急，他打电话询问情况，并一再强调：如果不好办的话，就不要麻烦了。可S却觉得，如果这个时候承认自己办不了，无疑就太丢面子了，他还是硬撑着，说自己能办到。可是，下一步该怎么进行呢？S也很迷茫。

几天后，S的一个老同事告诉他：酒店可以跟H签约，这么小的合作商，不需要总经理亲自出面，他全权代理即可。S听到这个消息后，非常兴奋，立刻就通知了H。之后，H就跟S的前同事签订了合同，并交付一年的服务费。当天晚上，H邀请众多的朋友，多次称赞S办事靠谱。此时，S依然没有告诉H，他已经不在那家酒店上班了。

签完约的H，三天后就带着合同去酒店商谈生意，结果却被告知：公司有明确规定，对于企业客户，必须由总经理亲自签署合同，他的这份合同是假的，且跟他签约的那个人，上个月刚刚离职。至于S，更是在半年前就已经离职了。

H一下子就懵了，赶紧联系S的老同事，结果却找不到人。情急之下，H只好把S以及他的那位同事起诉到法院，称他们合伙诈骗。事实上，S也是无辜的，他并未有任何诈骗的企图，也不曾拿到一分钱，单纯是想帮朋友的忙。现如今，事情弄到这步田地，他也后悔自己当初就不该为了"面子"逞能！

维护尊严是人的本能与天性，每个人都渴望得到他人的尊重。不过，面子并不等同于尊严。面子是浅层次的心理需求，尊严反映的是深层次的人格定位；面子是外表的，尊严是内在的；面子是给别人看的，尊严是留给自己的；面子是随时能放下的道具，尊严不是永不磨灭的精神；面子是皮，尊严却是骨头。

错把面子当尊严，做不到的事还要硬撑，不仅会给自己套上枷锁，也会让他人更看不起。放下面子，不吃虚荣的亏，才是做人、做事的智慧选择。

08 用讨好换认可，只是在为他人而活

夜晚，一位愤世嫉俗的青年拜访了哲人的小屋。

他听说哲人主张"世界极其简单，人人都可以获得幸福"，就决心当面推翻这一谬论。

世间像他一样烦恼和痛苦的人随处可见，得到幸福哪里容易？

哲人却告诉他一个道理："一切的烦恼都来自人际关系，所谓的自由，就是被人讨厌。"

青年不解："这怎么可能？怎么会有人想要被人讨厌？"

……

上述的这一情节，是日本作家岸见一郎和古贺史健合著的书籍《被讨厌的勇气》的内容简介。短短的一番话，已足够引人深思。回顾过去的人生：你是否总是小心翼翼地讨好着身边的人？你的成功是以害怕被他人讨厌换来的吗？如果是的话，你过往的岁月，你所得的荣耀，不过都是在为他人而活而已。

Susan是公司里的销售主管，也是公认的楷模：她上有年迈的

第二章
为什么你宁肯说谎，也不愿说不

父母，下有读小学的孩子，背着上百万的房贷，还要监管十几个下属。追求生活品质的她，不管多忙多累，周末还要亲自下厨，准备丰盛的家庭餐。

在外人看来，活得如此丰富的Susan，当算是人生赢家。可没有人知道，Susan每周一的晚上，都会约见心理咨询师。唯有在那个地方，她才能卸下所有负担，说出真实的感受。

Susan："我觉得自己压力好大，甚至已经不记得最后一次说'不'是什么时候了。不是我不想说，是我不敢说，我处在这个位置，拒绝不仅会影响人际关系，还可能引发一系列的问题。"

咨询师："会出现什么问题呢？"

Susan："孩子小，拒绝他，会影响他的成长；工作更不用说，领导交给我的任务，我没有办法说'不'；下属提出的请求，基本上都是合理的，我也没办法回绝。我觉得，自己每天都活在聚光灯下，没有自由。"

咨询师："你这么努力，且很少拒绝的目的是什么？"

Susan："……可能，是我需要所有人的肯定。我家的条件不好，我很努力、很努力才走到今天。我不敢拒绝别人，一是为了证明自己的价值，二是为了维护现在的位置。"

答案已经很明显了，Susan最大的困惑不在于如何拒绝，而是她太在意周围人的评价，心甘情愿地活在别人为自己设定的生活中。对她这样一个驰骋职场的女精英来说，掌握拒绝的语言技巧绝对不是问题，可因为自我设定的偏移，让她陷入到痛苦中难以自拔。

Susan的家庭条件不好，这也可能会导致自卑，继而让她不敢拒绝。许多成功人士也有类似的问题，早年的经历致使成年后过分追求所谓的成功和评价，刻意将自己"绑架"，用圣人的标准要求自己，表面看起来风光无限，私底下却承受着痛苦的煎熬。

有句话说："地球离了谁都转。"像Susan这样的情况，不妨在某段时间向领导提出暂时放开权力，做一个普通员工去观察整个团队。此时，往往就会意识到：尽管自己很重要，但短暂的消失，并不会完全影响团队的运转，而那些过去觉得无法拒绝的问题，实际上也不是完全如此，用另外的方法也可以达到目的，且处理方式更加合理。

总而言之，尊重不是讨来的。自尊心的建立在于自身的能力，而非别人的肯定。说出不一样的看法，而不是机械地服从，也是证明自我能力的一种方式。当我们能够放松下来，不再那么在意他人的评价时，也就有了敢于拒绝他人的勇气。

第三章 说不 ≠ 自私,是保护好自己的界限

01 拒绝≠自私，是坚守自己的立场

当别人开口要求我们做一件事时，到底是该拒绝还是该接受呢？

坦白说，这个问题很难回答，即便是面对同样的事，每个人的看法也不一样，因为每个人的评判标准不同，拒绝的底线也不一样。

某电视台举办一场策划会，大家都各司其职地忙碌着，台里刚好有一位实习生，他的事情不算太多，主任就请他帮大家去买盒饭，每人一份，这顿饭算主任请客。没想到，实习生在听到这个要求时，表情瞬间变得很严肃，他很正式地对主任说："非常抱歉，我不会帮您去买盒饭，我学的是导演专业，来电视台就是想学习这方面的知识，不是来跑腿打杂的。"主任听到这番回答，虽然很惊讶，却也没有反驳。

这件事被曝光后，引发了网络和社会的广泛关注，而各界的看法也不一样。

有人觉得，这个年轻人很有主见，知道自己想要什么，该做什

第三章
说不≠自私,是保护好自己的界限

么,活得很真实,也很勇敢,不喜欢的事情就坚定地拒绝,不违心地难为自己。

有人把焦点对准了那位主任,结合自身的处境发表言论:"领导们完全不考虑我们的感受,不管大事小事,我们的分内事还是他的私事,全都吩咐给我们做,我们不是下人,也需要尊重。"

还有人觉得实习生小题大做了,且直接拒绝领导前辈的小要求,缺乏尊敬,也有点自私。这样的年轻人与身边的人交流能力差,很难融入群体和社会,等等。

总之,这个盒饭事件,可谓是众说纷纭。我们很难评论,到底谁对谁错,因为事情总是多面的,不能片面地看问题,而是要从各个角度全面来分析。通过这件事,我们也会发现一个事实:每个人的处境不同,拒绝别人的界限不同,因而对事情的看法也不一样。

什么是界限呢?简单来说,就是"心理界限",它能让你能清楚地知道:哪些领域是你的,是别人不能侵犯的。有了这个界限,在面对他人的请求时,你就知道该不该拒绝了。

有些人对"心理界限"心存偏见,将其跟"自私"联系在一起。有人觉得,拒绝他人,往往就是不替他人着想,是冷漠的象征,这样的人是不会受欢迎的,可能会被孤立。事实上,这是对"心理界限"的误解。

约翰·汤森德博士写过一本书,里面专门讨论了"心理界限"。

他说，"心理界限"健全的人，对于生活和他人都有明朗的态度，做事的立场也很坚定，观点清晰，有自己的追求和信仰；相反，生活中没有"界限"的人，恰恰是因为心里没有判断的标准，因而做什么事都举棋不定、态度暧昧，对待爱情、工作和生活，完全没有参考的标准。这样的人在与人交往时，总处于被动的境地，一旦别人态度稍微强势些，他们就会毫不犹豫地妥协和退让。

有一个妈妈独自带孩子出门，在所乘坐的公交车里认识了一位老太太。老太太要去旅行，身边还带着自己的小孙子。老太太很热情，主动跟这位妈妈交谈，家长里短的，一会儿问孩子的生日、年龄、名字、喜欢吃什么，一会儿又问女人丈夫和家里的情况，做什么职业、收入怎么样、家住哪里？被一个陌生人刨根问底，这位妈妈起初觉得很别扭，但因为不好意思，也不懂得拒绝，就如实回答了。

很快，意想不到的悲剧就发生了。

车到站时，老太太在众目睽睽下拽起女人的孩子就走，女人极力阻拦，引来不少的围观者。可是，老太太对女人孩子的情况非常了解，大声把详细信息说给众人听，以至于所有人都相信了那位老太太……

故事中的这位妈妈，没有丝毫的防范意识，更没有清晰的拒绝界限，在面对陌生人的盘问时，没有保护好自己和孩子的隐私。倘

第三章
说不≠自私，是保护好自己的界限

若她事先在内心设定了一个拒绝界限，自然就会知道什么事情该拒绝，什么时候该拒绝。

设立拒绝界限不是盲目的、随意的，先要分清是非，做到公私分明。在集体中，要严守规则制度，不能做出格的事。然后，以此为基础，维护自己的利益，满足自己的"私"求，让自己活得更好。

关于如何对"私"，我们不妨参考美国励志导师奥里森·马登的建议：

"如果一个人有自己的主见，他在任何人面前、任何场合都能够慷慨陈词，表明自己的想法，捍卫自己的利益。相信自己、坚定立场、坚持主张，你不但会让自己活得舒心而且也不会丢掉你的工作；如果你做事毫无主见，你在生活中就会瞻前顾后、畏首畏尾、胆小怕事，活得不自在，很憋屈。如果没有主见，你往往也会过低地估计自己的能力，害怕失败，不敢果断行事，因循守旧，在工作中很难有创新和突破。所以，缺乏主见的人在生活中常吃亏，在事业上难成功。"

奥里森·马登清楚地告诉了我们该如何设定拒绝的界限：当你在集体中时，要跟很多人产生关联，此时你要有主见，坚定自己的立场。因为，你坚守的是自己想要的东西，它体现了你的心声、你的愿望、你的尊严、你的价值，值得你去追求和捍卫。

02 涉及原则性的问题，不能轻易妥协

G到附近的化工厂办事。厂里有规定，进出门必须经过保卫处，他们对出行的车辆排查得非常严格，担心私运化学物品。来的时候，保卫处的执勤者认出来，他是某领导的亲戚，就笑盈盈地放行了。可离开的时候，情况就不怎么顺利了。

保卫处是轮班制，先前执勤的人走了，在岗的是一张陌生的面孔。他要求G停车检查，仔细翻看后备箱，就跟在进京检查站安检的过程差不多。G很着急，他正准备到机场接人，就显得有些不耐烦，毕竟真的不是"可疑人员"。

这时候，刚巧有熟人经过，就提醒执勤者，说："这是咱们××科长的兄弟……"G本以为，执勤者会直接放行，不料对方就跟没听见一样，依旧照例办事。见此情景，熟人也觉得挺尴尬，就多说了两句："怎么脑袋这么不灵光，都说了他不是外人，犯什么傻啊！"

G说起这件事时，心里大概也有些许不满，觉得那个执勤者确

第三章
说不 ≠ 自私，是保护好自己的界限

实有点太较真儿。脑子灵活点儿，睁一只眼闭一只眼事情就过去了，自己轻松，还能落个好人，何乐而不为呢？

有这种想法的人，不只是T一个。毕竟，我们的传统观念一直都很强调"人情"，这已是约定俗成的事情。倘若没有人情味，冷冷淡淡的，很容易得罪人。从生活的角度上来说，这没什么问题，可置身于工作中，却要另当别论了。

化工厂的执勤人员检查进出车辆，本不算什么出格的事，完全是在按照规章制度走，有什么错呢？非要不同人不同待遇，就是聪明了？如果真的有人携带化学药品，非法运输，最终导致了药品泄漏、引发事故，谁来担这个责任呢？这不是游戏，而是牵扯到生命安全的大事，如果把问题的严重性提升到这个层面，我们是不是可以重新审视一下执勤者的"固执"和"不灵光"呢？

生活中很多这样的例子，有些糟糕的问题明明可以避免，却都因为"人情"二字网开一面，没有及时拒绝，酿成了无法收场的结局。也许，该反思的人不是那个执勤者，而是把工作和人情混淆、把规矩本分说成"假正经"的人，在潜意识里给老老实实做事的人冠上了一个"傻"的名号，却还自诩"聪明"的人。人情和原则，在工作上是并存的关系，一点儿人情味都没有，就是死板，可若不讲原则的话，也会引发麻烦。

姑娘YOYO的经历，至今说起，还令人心有余悸。

那是五六年前的事了，公司的股票交易员找她要老板办公室的钥匙，说要去办公，她没有多想，就直接给了对方。在此之前，也有同事这样做过，到总经理办公室打电话，她觉得应该不会有什么事，也就没有拒绝。

没想到，同事居然打开了老板的电脑，想要操作公司的股票账户。谁曾想，总经理居然在首创开设了两个账户，且密码都是一样的，出纳输入密码，交易员就进了老板的私人账户，卖了股票。等到下午的时候，他才发现自己操作错了账户，可当时已经晚了。

交易员很自责，打算引咎辞职，尽量把YOYO和出纳择出来，说自己是趁着她去复印的时候进去的，而出纳只负责输入密码，对股票的事情也不懂。这样的话，就不用三个人都来承担了。

当交易员把整件事情向老板澄清的时候，YOYO心里很难受，她觉着自己确有责任，倘若她拒绝交出总经办的钥匙，倘若看到他动总经理的电脑，能够抹开面子去制止他，也许就不会出现这样的事了。虽然主要责任在交易员，可自己的工作疏漏也难辞其咎。

后来，总经理跟YOYO估算了一下，大概损失了三十多万。总经理让交易员写检查，随后再决定如何处理，没有找YOYO核实情况。可是YOYO心里十分内疚，为了讲人情而忽略原则，犯了难以挽回的大错。

我们都是有血有肉的人，长久地跟同事、客户打交道，自然会

第三章
说不≠自私,是保护好自己的界限

建立一种情感关系,无论是出于礼节,还是发自内心,说话办事都会考虑对方的感受,保持一份同理心。其实,做生意也好,职场合作也罢,笑脸相迎、融洽相处,终归能营造一个好的环境和氛围。问题是,当人情与原则发生矛盾的时候,应该怎么办?

一位女老板,平日待人很好,办事也公正。她的下属中有外聘的员工,也有家里的亲戚,但在遇到事情的时候,她不偏不倚。为此,有人就说她冷漠,六亲不认。她有时候也觉得委屈,可想到公司要发展,就必须得有规矩,一视同仁。

她的公司从成立到现在,已经有十年左右了,发展势头一直很好。我想,这不仅仅是运气的问题,也因为她秉持原则的作风,才能留住外聘的人才。至少,跟着这样的老板,你不会觉得"冤",做得好就能被重用,做得不对无论是谁都得挨批,没有所谓的远近亲疏,有的就是一个共同的目标。

讲人情没什么错,可人情永远不能取代原则。谈及生活的时候,懂得换位思考是修养;谈及工作的时候,原则就是堤坝,不能让人情的河越界。当人情泛滥成灾的时候,麻烦可能超出你的想象,后果你也未必担得起。有情有义,有规有矩,如此为人处世,才是"真聪明"。

03 我很在乎你，但你不能越过我的底线

向什么人开口说"不"是最难的？面对这样的问题，很多人可能会说——朋友。

这里说的"朋友"，指的不是泛泛之交，而是关系甚密的人。彼此间像亲兄弟、亲姐妹一样，对方有难势必不能袖手旁观，但帮忙也要酌情而定，不能越过自己的底线，也不能什么事都选择纵容，该拒绝的时候也要拿出一点态度。

潇的朋友不多，跟他相处最久的莫过于大学时代的舍友J哥了。

潇和J哥的性格截然不同，潇比较内向，不善言辞，但心思缜密；J哥大大咧咧，做事冲动，经常不计后果。大学毕业后，潇就跟J哥合租了一套房子。一开始，两个人相处得还算融洽，可渐渐地，潇发现J哥经常会留给他一些"烂摊子"。

J哥看别人遛狗挺有意思的，没跟潇商量，就私自抱回来一只小狗。可热情劲儿过去后，他就不管小狗的起居了，房间里又脏又乱，还不时地飘出狗尿味。潇只好替J哥担任起照顾小狗的责任，

第三章
说不 ≠ 自私，是保护好自己的界限

但也没有过多计较，他总觉得：这个世界上没有完全相同的两个人，既然是朋友，就得学会相互"包容"。

然而，接下来发生的一系列事，却让潇愈发难以忍受了。

J哥根本不会做饭，心血来潮时，非要霸占着厨房"露两手"，结果弄得厨房一片狼藉。好好的食材都浪费了，J哥也累了，丢下烂摊子就跑到外面撸串了，潇只好辛苦地清理那一堆锅碗瓢盆。

不久后，J哥谈了一个女朋友，并带回家过夜。此时，潇就成了最亮眼的"灯泡"。为了避嫌，潇只好去外面的旅馆。等第二天早上回家时，他看到茶几上全是残羹冷炙和空啤酒瓶，地上还有一堆烟头……潇花了三个小时，把才家里收拾干净，满腹愤怒。

待J哥下班后，潇忍不住质问："这是我们俩租的房子，能不能注意一下卫生？"J哥并不在意，说："哎，咱俩又不是第一天认识，我上学时就懒……得了，晚上我请你吃饭。"

这件事就这样过去了，可让潇没想到的是，J哥犯的错误一次比一次严重。

那天晚上，J哥借走了潇新买的车。当时，潇真的很不情愿，但还是碍于哥们面子，把车钥匙给了J哥。没想到，J哥竟然酒驾出了车祸，肇事后还选择了逃逸。等到一天之后，警察找上门，潇才

知道发生了什么事。见到J哥，他十分愤怒，说："没想到你居然犯这么严重的错误！"

J哥虽也后悔，但此时的他还在向潇求情："能不能借我点钱，我手头不够给人看病的……"这一回，潇终于拒绝了。他说："咱们是朋友，我才一次次地帮你，但我不是你用来处理麻烦的工具。"

如果潇早一点认识到，朋友之间互相帮忙可以，但应当有限度，至少要确保各自独立的生存空间，可能就不会发生后来的一系列麻烦事了。不能因为彼此关系甚密，就有求必应，无法拒绝的交情算不得真正的友谊。

生活中，要避免像潇这样的遭遇，最好的办法就是"丑话说前面"。面对好友，不妨直接告诉他你所能容忍的限度，区分清楚彼此的责任所在，不要让对方觉得你可以为他做任何事。

认真说明你的观点，告诉对方，你不会为他惹下的麻烦承担任何责任。也许，在他失去你这个真正的朋友时，才会认识到自己的问题所在。倘若他还在意你这个朋友，必然会向你道歉；倘若他不理解你的意图，你也用不着为失去这样的朋友而难过。

其实，平时为朋友受点委屈、吃一点亏，不是不可以，但一定得有度，不能什么事情都选择纵容的态度。倘若朋友的请求或做法，已经超越了你的界限，或是完全违背你的原则，你就应该及时地、毫不犹豫地拒绝。这不是交情深浅的问题，而是做人的原则问题。

04 尊重隐秘的角落，真诚不是毫无保留

"我13岁那年，父亲就生病去世了，这件事一直是我不愿意提及的伤痛。从中学时代到大学，我结识了不少的朋友，每次问及家庭情况时，我总是含糊其辞，很少直面回答。其实，我内心挺纠结的，总觉得别人对自己挺好的，应当把家庭的真实情况和自身的经历都告诉对方，可我又不知道怎么说……"

与人交往，保持一份真实和坦诚，无疑是值得称赞的品行。毕竟，人是群居动物，需要友情，也需要被关心、被了解，但这种坦诚不代表要把自己的一切都告诉对方。我们有权保留自己的秘密，那些真正值得深交和信任的朋友，如果意识到了你在回避这个问题，出于尊重和理解，一定不会再多问；若是不顾你的感受，死缠烂打地打探你的隐私，这样的人根本算不得朋友，而你也不必为此烦恼，大大方方地回绝就好，因为这是你的权利。

Rose所在的办公室里，有一位爱打探隐私的女同事，对他人的恋爱史和家庭私事尤其上心。有一次坐班车时，Rose碰巧跟那

第三章
说不≠自私，是保护好自己的界限

位女朋友挨着，车上坐着的全是公司的员工，有本部门的，也有其他部门的。刚上车一会儿，那个女同事的"老毛病"就犯了。

"你结婚了吧？你爱人现在做什么工作？工资待遇怎么样？在这边买房了吗？"她的问题像连珠炮一样，一个接一个。Rose刚到这个单位不久，还没有在人前说过自己的私人生活，也从来不去打听别人的私生活。周围的很多同事听到她这么咋呼，都把好奇的目光投向Rose。

面对眼前的情景，Rose有点尴尬，但她不想满足大家的好奇心，更不想让人看热闹。于是，Rose就开始跟那位女同事打马虎眼，含糊其辞地回答："是……普通员工……够我们生活的……你有楼盘要介绍吗？"女同事见问不出什么实质性的内容，而Rose的态度又略显冷淡，也就主动闭上了嘴巴。

初与人相识时，适当地自我暴露，可以有效地消除对方的戒心，迅速地建立良好的人际关系。但前提是，这个交往对象必须是真诚的。显然，Rose的同事是一个爱打探隐私的典型，对于这样的人，切记不能用纵容的态度如实回答他们提出的所有问题。一不留神，你的自我暴露就会变成流言蜚语的原材料。

当别人的询问让你感到不舒服，触及到了你的心理界限时，千万不要勉强自己去回应。你有权利为自己的隐私保密，真诚是与人为善，但不意味着毫无保留。有些问题，当你不想回答时，完全可以大大方方地告诉对方"我不太想谈这个话题，请谅解"，或者用腼腆、幽默的方式去回应，也是可以的。比如，不想回答自己的年龄，大可以笑着反问对方："你为什么想要知道呢？"再如，被问到婚恋的情况时，也可以稍微羞涩地说："我还是想保持一点儿神秘感。"

需要说明的是，在拒绝他人的提问时，尽量不要用"无可奉告""暂时保密"等词汇。避免过于率直的拒绝，巧妙地把话说得温和一点，对方才能接受你的回答，并且明白这些事情是你不愿谈及的，而不再多问。

第三章
说不≠自私，是保护好自己的界限

05　善解人意有度，不做收纳别人情绪的"垃圾桶"

在英国女作家简·奥斯汀的小说《傲慢与偏见》中，有这样一处情节：

丽萃在一次茶会上，耐心而专注地听一位刚刚从非洲旅行回来的男士讲话，听他叙述路程中的所见所闻，整个过程，她几乎没怎么说话。可是，分别的时候，那位男士却对别人说，丽萃是一个多么擅言谈的姑娘啊！

其实，丽萃只是做了一个好的听众，可是在对方心里，这样的倾听胜过滔滔不绝的回应，给人留下的印象也是善解人意、温婉美好的。

在与人交往的过程中，倾听是一项重要的沟通能力，也是突显个人修养的一种方式。有人愿意与我们分享心情，意味着他把我们当成了亲密可信的朋友。

有些人为了维护彼此间的良好关系，抑或是维护自己"善解人意"的形象，无论朋友何时何地向自己倾吐，无论自己是否真的有时间、有情绪倾听，都选择默默地接受，让对方像倒垃圾一样把所有的苦衷统统丢给自己。对方倾吐后获得了畅快和安慰，而他们却要慢慢消融失落和烦恼。

　　Linda是个善解人意的姑娘，虽不是心理咨询师，可周围许多朋友都愿意把自己的心声说给她听。Linda每次都耐心地听对方诉说，还时不时地为对方的遭遇而落泪。时间久了，她就变成了公认的被倾诉者。一旦有哪位姐妹情感上遇到了挫折，就会把Linda约出来，向她哭诉自己的难过。其实，她们也很清楚，Linda不可能帮她们解决所有的问题，只是她们在特殊的时期，太需要释放负面情绪了。

　　渐渐地，Linda发现，自己的时间越发不够用了，而且情绪也受到了影响。每天微信上都有人跟她念叨杂七杂八的事，她又不好意思不回应，有时还要占用工作的时间。随着时间的流逝，姐妹们曾经对Linda说的那些话，对她产生了潜移默化的影响。特别是有两个女性朋友的丈夫接连出现外遇，她们对男性的看法就是"天下乌鸦一般黑"，这让Linda也不禁对自己的丈夫产生了猜忌之心。

　　从心理学的角度来说，Linda是被消极的情绪催眠了。她并没有觉察到，自己在倾听朋友的诉说时，许多负面的情绪已经渗透到了她的生活中。结果，她不但无法帮助朋友解决实际问题，还让自

第三章
说不 ≠ 自私，是保护好自己的界限

己掉进了悲观情绪的深坑。这种暗示越强烈，对Linda的影响就越大。显然，她对朋友而言，已经不再是一个有血有肉、有情感和情绪的人，而是一个"情绪垃圾桶"。

我们不反对听朋友倾诉，但一定要有所觉察和选择。

当身边的某个朋友总是向你传递一些消极的情绪和思想时，你就要提高警惕了。这样的谈话会在不知不觉间产生催眠效应，如果你发现每次跟这个朋友聊天后，自己都会陷入到失落之中，那就是不良倾诉带来的后遗症。

那么，该如何避免让自己成为他人的"情绪垃圾桶"呢？

⊕ 对浪费时间而无实际用途的谈话说"不"

忧郁的情绪是会传染的，当你自身的情绪不是特别稳定时，很容易就会把你击垮。如果有一个带着悲观情绪的人在你面前反复出现，不时地向你吐露两句丧气话，你一整天的心情都会受影响。所以，对于这种既浪费时间又没有实际用途的谈话，一定要说"不"。

⊕ 不得不倾听时，只入耳不入心

作为朋友，不可能总是躲着对方。如果没有办法，必须要听对方倾诉时，记得只入耳别入心。你要知道，对方只是想找个人说话，你可以把这件事当成任务去做。听完之后，不要多想，也别反复琢磨，这样才不会对自己产生负面影响。

⊕ 多给自己积极的暗示，保持好心情

无论是工作还是生活，难免会受到他人不良情绪的干扰。我们不能左右他人的言行，但可以控制自己，不断给自己积极的暗示，努力保持好心情，这样可以有效地驱赶消极暗示带来的影响，帮自己提升原动力。

06　关系再怎么好，钱的问题也要明算账

"Z是我的表姐，关系一直都挺好的。前些天，她打电话给我，哭哭啼啼的，说现在的处境特别难。之后，她就开口向我借1万块钱，说短期用一下，两个月之后还我。我特别为难，如果是她急需用钱，我肯定二话不说就帮忙，可问题是，这钱不是Z自己用，而是替姐夫还债。据我所知，这个表姐夫下岗后，一直没有稳定的工作，还经常四处去打牌。我担心这钱借出去不知道什么时候才能回来，况且近期我还想拿这笔钱去旅行。

"这件事让我很为难，我不想借钱给表姐，但又怕伤了我们之间的情谊。我也不知道该用什么借口来拒绝，直接说没有的话，表姐也未必会信……"

生活中，很多人都遇到过上述的难题，似乎钱和感情之间总是无法平衡，不是谈钱伤感情，就是谈感情伤钱。其实，遇到借钱的问题，没必要让自己那么纠结，掌握好一定的原则和拒绝的技巧，也就不那么难以启齿了。

通常来说，借钱给亲戚朋友，有些问题是必须要注意的：

⊕ 坚持救急不救贫的原则

谁都有遇到急事的时候，倘若能为朋友雪中送炭，对方一定会对你充满感激，所谓的患难之交就是这么来的。如果朋友的经济条件一直不好，你借出去的钱，他很可能还不上，那就要慎重考虑了。你也可以借钱给他，但数额不要太大，至少保证如果他无法偿还，你的正常生活也不会受到影响。

⊕ 对方为投资借钱时要婉拒

如果朋友向你借钱是为了投资，而你又不太了解对方投资的项目，最好委婉拒绝。毕竟，把钱借出去要承担的风险太大，很可能有借无回。

⊕ 就算是亲兄弟也要明算账

借钱给亲戚或朋友，如果数额较大，最好让对方打一个欠条，或是签订一份借款合同。现实生活中，因为金钱而闹到法庭上的亲戚朋友比比皆是。与其到那个时候无凭无据、反目成仇，倒不如把丑话说在前头，按照法律规定的程序走。

上述是借钱的原则，接下来我们要说的，就是如何拒绝亲戚朋友借钱的请求。这要从两个方面来说，一是自己的能力和实际情况，量力而行；二是衡量借钱的利弊，如果对方不太靠谱，那就不要借，否则的话，很有可能"人财两空"。

第三章
说不≠自私，是保护好自己的界限

该拒绝的时候，不要不好意思说"不"，这里有几个拒绝的技巧，可供参考：

⊕ 以实情相告，直接回绝

如果碰到亲戚朋友借钱，自己又无能为力时，不妨坦诚地向朋友说明客观情况，直接回绝朋友的请求。当然，这些状况要是对方也能认同的，这样不但不会伤感情，还能获得对方的谅解。

⊕ 以攻为守，先发制人

这就是先发制人的技巧，在对方开口之前，如果你已经清楚他的目的，不妨先把自己的"经济状况"说清楚，让对方知难而退。

A找到B，有点为难地说："我今天想请你帮个忙。"B知道A做生意赔了钱，所以他一开口，B就猜到了是借钱的事。于是，B爽快地说："没问题，你的事就是我的事，能帮的我肯定帮。如果是借钱的话，那我就帮不了，你也知道，我们家的经济大权是你嫂子管的，我平时买包烟还得伸手向她要。除了借钱，其他的事我都能帮。"听到这儿，A也就不好意思开口了。

⊕ 一拖再拖，缓兵之计

拖的意思是，暂时不给予答复。当对方向你提出要求时，你可以表态愿意帮忙，但出于某些客观原因，只能等一等，才能给出答复。拖，就是缓兵之计，对方可能会在此期间想其他的办法，你也能为自己找一个合理的理由。同时，拖也是一种比较体面的借口，既不驳对方面子，也容易被对方接受。

07 真情可贵，别跟不喜欢的人玩暧昧

认识他的那年，她19岁。

他和她，都是喜欢泡论坛的网虫。她的文字，总是带着淡淡的忧伤，从她发表第一篇故事开始，他就注意到了她。他从未主动在论坛给她发过私信，但总会抢占沙发，回应她的心声。慢慢地，她的心就像找到了依托，因为她明白，世界上有一个人在倾听她。

或是好奇，或是感动，她发了私信给她，内容是9个数字。很快，她的QQ来了验证消息，是他。他们开始你一言我一语地聊着，没有问彼此的姓名，只是像熟识的老朋友一样，天南海北地聊着。后来，他们互留了电话。

那是她生命中最黑暗的日子，挂着眼泪醒来，带着眼泪睡去。情窦初开的她，一心爱着那个笑起来有两个酒窝的学长，可他却在临近毕业时提出分手，跟他的女同乡去了上海。她觉得自己很傻，明明一切都结束了，却还不肯死心。她不想跟谁讲话，也不想当着谁的面痛哭，只是把心情都化成字符，敲打在屏幕上。

第三章
说不 ≠ 自私，是保护好自己的界限

那么巧，她遇见了他。他25岁，年少时眼睛受过伤，至今右眼看起来还有点外斜。生命中的意外，改变了他的人生，尤其让他在感情路上吃尽了苦头。他先后交过两个女友，每次恋爱都掏心掏肺，最后却还是没能逃过"被分手"的劫数。

他从未向她说起过自己的故事，只是做她的听筒，安慰她的情绪。渐渐地，他们之间的关系变得特殊了，他对她不只是朋友的关心，还有一种爱恋在里面，虽不那么明显，却能在言辞之间透出淡淡的情意。

冬日的午后，他们相约在某公园门口见面。她白皙的皮肤，清秀的五官，宛若清水芙蓉笑容淡淡的，像一株木棉花。他说话做事就像一位兄长，和她谈美食、谈旅行、谈工作。临近傍晚时，天空飘起了雪花，场景是那么的浪漫，可她无心享受，她心里想起的人，还是那个最熟悉的陌生人。

其实，和他谈心的这三个月，她不是一点儿好感也没有。只是，那份好感有很大一部分都是因为内心的痛苦和空虚。他的存在，恰恰在她最需要温暖的时候，弥补了一个缺口。她也曾幻想过，如果他看起来就像离开的前男友，也许真的是上天对她的眷顾。可现实跟她开了玩笑，他完全不是她想象中的样子，也不是她喜欢的类型，更何况，在面对面交谈的时候，她也清楚地看到了他那只受过伤的眼。

为什么我总是无法说不

她知道,她和他是没有结果的,或者说,她不会选择他。他不知道她的心思,以为付出就会有回报,终有一天他会把她感动。他向她婉转地表白了,她的回答是,我心里住着一个人,没有位置。他说可以等,她便没再多说。

她对他的态度,一直冷冷淡淡。唯有心里难过的时候,才想起给他发一条消息。他却从不厌烦,每次都在第一时间回复她的消息。她承认,她贪恋着他的安慰、他的包容,她想过从此消失在他的生命里,让他寻找到真正适合的人,可她没那么做。

他们之间的关系,既不像朋友,也不像恋人,时而联络得频繁,时而互不相干。可她知道,在她需要帮忙的时候,他会第一个出现。他的存在,给了她安全感,也给了她继续爱的勇气。可惜,这份爱的主人,不属于他。

两年之后,在旧日同学的牵线下,她交了新男友。沉浸在幸福中的她,没有时间和心思再去想那个陪她走过生活低谷的他。身边的室友兼闺蜜目睹着这一切,在她跟新男友约会归来谈笑风生的时候,直爽的室友冷冷地笑了一声,问:"你这算什么?如果你不爱他,当初为什么还要联系他?就因为,你贪恋着他对你的好,享受着他对你的喜欢,是不是?现在,你遇到了合适的人,就当他不存在了吗?我们是朋友,但我实在不能接受你的爱情观。"

她知道,室友是性情中人,心里没有怪她。更何况,她说的字

第三章
说不 ≠ 自私，是保护好自己的界限

字句句都是实情，她有什么可怪罪她的呢？从头到尾，错的人都是她。她从未真心喜欢过他，可是为了弥补感情的空白，她还是自私地霸占了他的爱。到现在，她依然没有告诉他，她已经有了新的归宿。

这一切，该怎么开口呢？她的心，忽然痛了起来，觉得自己好残忍，好自私。她拿出手机，给他发了一条短信：对不起，再见。

从此，她没有再跟他联络，而他也彻底消失在她的世界里。这场没有开始就结束的暧昧，让她完全明白一件事：感情，真的不可以滥用。爱就深爱，不爱就拒绝，在爱与不爱间纠缠，最是伤人。

每个人都知道，暧昧的滋味不好受。只是，当自己走进爱情的迷宫时，往往就会在不经意间扮演那个主导暧昧的角色。明明不爱那个人，却不懂得拒绝，或是不想拒绝，害怕对方的一腔热情被冰冷的拒绝浇灭，也害怕失去那份被人呵护、被人关照的温暖。

然而，这种夹在爱与不爱之间、说不清道不明的情感——暧昧，最是令人痛心和无奈。我们都有追求爱情的权利，但也要理智地控制自己的心，不要滥情，不要败给寂寞，不要输给渴求温暖的贪念。爱就深爱，不爱就离开，坦坦荡荡，直直白白，也许在感情的空白期会少了一点温暖，可那是对爱的珍惜，也是对自己的尊重。

08　对办公室里的性骚扰大声说"不"

在网络文学中,我们经常会看到"霸道总裁爱上我"的浪漫桥段。然而,在现实生活中,故事不仅没有那么浪漫,更多的时候,它还跟丑陋的"性骚扰"有关。

2002年3月,《北京青年报》进行的一项调查结果显示:

71%的女性表示曾经遭受过性骚扰。2003年,一家女性调查中心的调查报告显示:84%的女性遭受过不同形式的性骚扰,其中最大的受害群体是30岁以下的未婚职业女性,50%的性骚扰来自工作场所,其中36%来自上级。

毫无疑问,这些数据都在提醒职场女性,以及那些爱幻想的浪漫女生:办公室这个展示个人能力、实现个人价值的地方,也是性骚扰最容易发生的地方,绝不可掉以轻心,更不能迷迷糊糊。

F曾就职于某互联网公司,在那家公司,她亲眼目睹了上级领导对女下属的性骚扰,以下是她叙述的经过:

"当时,我所在部门招聘的全是女生。有一个女孩子刚来公

第三章
说不≠自私，是保护好自己的界限

司，在试用期内，总监以她能力不强为由，找她谈过几次话，还让她写职业规划。有一天下班，都已经八九点钟了，那女孩在被总监留下写职业规划。第二天，这个女孩没来上班，她跟比较要好的同事说，前一天晚上差点儿被强奸。她写完职业规划后，拿给总监看，总监先说她做商务工作太放不开了，这样是没办法把工作做好的。然后，他就让这个女孩坐在他腿上，说要教她，其实是试图强奸她。这女孩一直哭着求他、推他，他把门反锁不让她走。这女生跟他说，她男朋友就在楼下，如果她一直不下去，他肯定会上来。总监想了想，就放她走了。女生到楼下后，跟男友讲述了这件事，两人随即报了警。警察来后，把他们都带回了警局，由于是强奸未遂，又没有证据，第二天早上总监就出来了，直接去了单位。

"这个女孩后来辞职了，并发邮件给老板，详细地讲述了事情的前因后果。老板让行政调查这件事，约部门内的人做访谈。后来听说，这个总监已经不是第一次做这样的事了，每次都是利用女下属快要转正的时间让她害怕，如果不从的话，就以开除来威胁她，也算是他的套路吧。在这个女孩之前，有三四个女孩都被侵犯过，并因此离职。在职的这些女下属，也经常会受到一些言语上的骚扰，比如想带她们出差等等。后来，老板把总监降成专员，派到了外地的分公司，但不久后又调回，接手了一个新业务。不过，整个公司的人都知道了他的为人，没有人愿意去他的部门。过了一段时间，他就自行辞职了。"

　　面对令人反感和作呕的性骚扰，许多职场女性都是默默地承受，甚至不敢对骚扰者说"不"。之所以出现这样的状况，一方面是出于爱面子，不好意思说；另一方面是对职场性骚扰的意识缺失。有些女性认为：如果性骚扰没有到强奸的地步，很难引起重视；不确定自己是否受到了性骚扰，认为只是玩笑……这些想法和表现，变相地鼓舞了性骚扰者。

　　那么，在办公室里遭遇了性骚扰时，到底该怎么做呢？是躲避、屈服，还是反击、投诉？显然，默默承受肯定是不行的，会让骚扰者变本加厉；可若直截了当地回击，也可能会给自己的工作处境带来麻烦，并不太可行。相比之下，下面这几条拒绝法则更有技巧性。

　　⊕ 修炼平常心，拒绝成为他人的话柄

　　杜绝性骚扰，首先从自我做起，为自己穿上一层厚厚的盔甲，保证自身的安全。

　　通常，在面临升职加薪，或是想跟上司搞好关系的时候，最容易成为他人的话柄。但是，别人怎么说并不重要，重要的是自己要树立鲜明的立场。对待得失，要多一份平常心，不能急功近利。要给自己树立一个正面的形象，和异性同事接触时要保持合适的距离，避免在别人看不到的盲目内和异性同事、上司单独相处。

第三章
说不 ≠ 自私，是保护好自己的界限

⊕ 遭遇性骚扰不要怕，勇敢地说出来

如果因为偶然的疏忽，给对方留下了可乘之机，此时不要害怕，也不要犹豫，马上让对方知道你的态度。此时，表情要严肃，目光要坚定，以鄙夷的口气大声训斥骚扰者。你要让他知道，他做的事情是错的，如果他依旧我行我素，那么你越是大声斥责，别人听到的机会就越大，而你获救的希望也越大。

如果你是单独会见上司，害怕期间遇到此类事件，不妨去之前跟好友打声招呼，每隔一段时间就让其给自己打一次电话，这样既能保证自己处于安全状态，也能提醒对方不要乱来，否则你的朋友会在第一时间报警。

⊕ 未逃过"魔爪"时，要尽量收集证据

如果你做了充分的防范，还是没能逃过骚扰者的"魔爪"，也不要选择沉默，要讲对方诉诸法律。在此之前，你要注意收集证据，如记录下你和对方的谈话或视频，保存对方不怀好意的"礼物"，甚至有意识地让对方的家人知道此事，打有准备之战。

面对性骚扰，自我防范是首要的，当你感觉到那种令人不安的眼神传来时，不要躲避，勇敢地抬起你的头，用鄙夷的目光回敬过去，用鲜明的态度告诉对方：你已经处在越线的边缘了，如果再进一步，别怪我不客气！

第四章 无须费心讨好他人,自爱才值得被爱

01 该有脾气的时候，要拿出你的态度

当下，不少文章都在提醒世人：对情绪的控制能力，反映出一个人的情商。不能否认，善于调节情绪的人，的确能够更理性、更顺利地处理问题。然而，凡事有度，过犹不及。

"我喜欢那些心平气和的人，总觉着'没有脾气'的人，性格温和，容易相处，极少跟人发生矛盾。现在，我也经常极力地抑制自己的脾气，想让自己的性格变得更完美。可说实话，这种感觉并不舒服，有时甚至会让我感到迷茫。遇到一些难忍的问题，我内心有愤怒，害怕给人留下'暴脾气''没素质'的印象，就只好忍着，装出一副云淡风轻的样子。其实，我的内心早已经惊涛骇浪……"

说这番话的人，是一个努力塑造"好脾气"形象而隐忍多年的男士。显然，他设定了一个理想自我，即遇事能够心平气和地处理，彰显出淡定沉稳的姿态。现实中的他，虽然极力表现得云淡风轻，可这种淡然并不是真正的古井无波，而是一种装出的表象，实

第四章
无须费心讨好他人，自爱才值得被爱

则暗潮汹涌。

有句话说得好："树欲静而风不止。"你越是想平静，不平静的事情就越会来招惹你。你越是想当个没脾气的老好人，越是被人无止境地侵犯底线，结果为了维护自己的形象，不得不接受他人的要求，把所有闷气都咽进肚里。他们害怕有脾气，也害怕别人发脾气，认为不发脾气就能够避免冲突，却没有意识到，这些冲突最终都会跑进自己的内心，变成自我冲突。

情绪是人类正常的心理活动，无论这种情绪是正面的还是负面的，都不该有褒贬的评价。所谓的情绪控制，是指意识到自己有负面情绪时，用合理的方式把它释放出来，或是将其化解。没有任何一位情绪管理专家说，控制情绪就是不能有愤怒、不能发脾气，这是对自我情感的压抑，也是对自我的伤害。

况且，发脾气也分很多种情况。鸡毛蒜皮的小事，的确没必要大动干戈，这对于身心都是无益的。然而，遇到一些碰触了自己底线的人和事，保留一点脾气是应该的，它能够让对方看清楚你的态度。倘若面对这样的问题，一点儿脾气都没有，就如同砧板上的鱼肉，任人宰割，毫无抗拒之力。

别总是用扭曲的好人思维麻痹自己，认为自己对别人好，别人就会对自己好，一旦发脾气，就会深深地自责。很多时候，如果是对方的问题和责任，你根本没有必要去责备自己，让自己去承受无谓的折磨和损失。有位哲学家曾说过一番肺腑之言，他试图教那些只会隐忍和退让的人看清楚一个事实：

"我多么愿意别人欣赏我的礼貌、我的大度，可实际上，他们只是享受我的礼貌，甚至奸污我的礼貌。有的人即便你无数次忍让他，也不能停止他的攻击与辱骂，他会越来越猖獗，到后来连我的家人都要连带一起骂。如果我不打断他，他是不会罢休的。"

现实总不如想象中那么美好，也不是所有人都如想象中那么懂道理、有分寸。一个有修养、受尊敬的人，必然会和气待人，但他们也有自己的脾气。这是一种精神和志气，让他们时刻能够坦诚面对自己的心，不用勉强和委屈来压抑自己，该退步时宽容大度，该争取时绝不妥协。正因为他们有明确的态度，才让那些试图压榨和索取的人望而却步，对他们心存敬畏，不敢轻易去碰触他们忌讳的东西。

在完善自我的路上，别丢弃自己的真实，勇敢面对内心的不甘、不愿和愤怒。如果你很介意一件事，那就告诉对方；如果你不愿意做一件事，就不要勉强；如果对方的侮辱让你愤怒，那就勇敢地表达你的谴责和反抗。我们不需要成为卫道士，但要做一个坦诚的人，哪怕很普通、很平凡，这份真心和坦诚也可以让你自由生活。

02 不畏异样的目光，不怕和别人不一样

拒绝，不仅仅是一种明确的态度，还掺杂着一种叛逆的精神。

敢于说"不"的人，往往都有自己坚定的立场、独立的思想，他们不会把别人的目光和看法放在第一位，只要有不同的意见和看法，就会大胆地表达出来，而不是趋炎附势、随波逐流，为了合群而刻意讨好。正如一句名言："发表自己的不正确的意见，要比叙述别人的一个真理更有意思。在第一种情况下，你是一个人；在第二种情况下，你不过是只鹦鹉。"

你就是你，独一无二的你，如果总是跟着别人的意愿去生活，就会失去这份独特，而沦为一个木偶或傀儡。那些能够做出一些成绩的人，从不稀罕成为他人眼中的"好人"，也不会介意世俗和舆论，他们的身上始终带着一点叛逆的精神，忠于内心，忠于自我。

一代名家郑板桥，对旧势力从不妥协。他擅长画竹、兰、石、菊，字写得也很出彩，但他恃才傲物，鄙视权贵。有不少达官显贵想索求书画，哪怕送来成车的银子，也被郑板桥拒之门外。

曾经，有位富豪新盖了别墅，华丽富贵，可总觉得缺少点书香气，就想找郑板桥作画。他拎着钱箱往郑板桥家跑，名帖递进去后，一连几次都被拒绝了。后来，富豪打听到，郑板桥喜欢吃狗肉，就想出了一个主意。

那天，郑板桥出来散步，忽然听到远处传来悠扬的琴声，曲调悠扬，不觉激发了他的好奇心。他循声而来，发现琴声是从一座宅院飘出来的。郑板桥推门而入，庭院内修竹叠翠，奇石林立，竹林内有一位老者鹤发童颜，银发飘逸，正在抚琴。老者看到他，立刻戛然而止，郑板桥见自己破坏了人家的雅致，有点不好意思。老者并未介意，热情地让他入座，两个人谈论起诗琴来，颇为投机。

这时，一股浓烈的狗肉香味飘来。片刻后，只见一个仆人捧着一壶酒，还有一大盆煮熟的狗肉，送到他们面前。老者刚说一个"请"字，郑板桥就毫不推辞地吃了起来。吃完狗肉，郑板桥才意识到，自己还不知道款待者姓甚名谁，就稀里糊涂地在人家大吃一顿。为了答谢对方的招待，他特将自己的字画赠送给这位老人，并提"敬赠某某某"，这才告辞离去。

富翁如愿以偿得到了郑板桥的画，但这并非因为他富有，而是因为"朋友情谊"。对于富豪和权贵，郑板桥根本不在意，他甚至直截了当地拒绝，这就是他的态度、他的品性。

敢于拒绝的人，都是内心强大的人，不怕自己跟别人不一样，也不畏惧异样的目光。敢于拒绝的人，都会有一点叛逆精神，这种叛逆不是盲目地反对所有，而是听从内心的声音，坚守自己的原则，不轻易因外物而妥协。当你可以心安理得地对不喜欢的人和事说"不"时，你便找到了独立的自我人生。

03 把决定权交给自己，我的人生我说了算

梅克是华尔街的操盘手，帮人代理投资和操作股票有十几年了，经验非常丰富。他很了解那些股民是如何犯下致命错误的，那就是在重要的问题上把决策权拱手让人，从而完全受制于人。

在梅克看来，投资者必须要十分了解自己和自己的系统，这是至关重要的事。他说："为什么多数的股民基本做不出良好的交易决策呢？为什么他们在听到错误的引导意见时不懂得拒绝，反倒是兴高采烈地跳进火坑呢？事实上，就是因为他们完全不了解自己，不了解市场，选择了非常笨拙的策略。"

梅克谈到了一位"超级股民"时，笑着说道："我之所以把罗迪先生称为'超级股民'，是因为他是公司的大金主，每年委托我管理的资金有几千万美金，可他对投资市场一窍不通。我们都喜欢他，因为他太容易说服了。面对一个投资意向、一只走势不明的新股票，他总是随便地一挥手，就说：'你来帮我决定吧！'

"罗迪在波士顿经营这一家PVC制品工厂，年利润丰厚。他把

所有的闲钱都交给了我，购买基金、股票等一切可能盈利的理财产品，但不是每一次投资都赚钱，真正能够赚钱的理财产品不足三分之一。可是，罗迪并没有自己的主意，他总是问：'要把钱拿出来吗？这么重要的决定，一定要专业人士来做，我相信他们。'

"他相信我，这是他的致命失误。他没有考虑到一个严重的问题，是否做出继续投资的决定，不能由这笔钱的受益方来决定，而是要他自己来选择。可问题是，罗迪缺乏投资头脑，他意识不到自己已经违反了投资原则。"

为什么有人会把重要的事情交给其他人来做决策呢？从上述的例子可知，就是因为不了解自己，不信任自己，能力也不足，总觉得别人会比自己更能做出"对"的选择。如果想要在拒绝别人时底气十足，自己掌控人生，就要不断地提升自身的能力。当你足够了解自己，有充足的知识储备，并掌握了正确的方法时，即便有人企图用错误的计划诱导你失败，你也可以迅速地避开，让他不敢再尝试第二次。

把重大的决定权交给别人，是对自己人生价值的漠视。许多人都在面对选择时，都会陷入纠结和矛盾中，比如，是该听从父母的意愿从事他们希望我做的工作，还是遵从内心、按照自己的兴趣来选择？是该趁年轻到外面去闯一闯，还是留在小城里平淡地渡过余生？是该听从家人的意见，选择他们认为条件不错的那个人，还是应该不将就，等着那个自己真正喜欢的人？

这样的问题太多，困于选择的人也太多，他们不敢轻易做决定，甚至害怕自己做决定，担心会因为自己的选择伤害最亲最近的人，也担心拒绝了他们的意见会让自己"吃亏"。面对这样的处境，不少人就选择把决策权让给别人，潜意识里的想法就是：不是我自己做的选择，就不必对结果负责。

有这种思维习惯的人，除了人生大事不敢自己做主以外，许多小事也要征求别人的意见，比如，挑选什么颜色的窗帘、什么样式的衣服、适合什么样的发型……全都无法独立地做决定，习惯并习惯性地问别人该选哪一个？哪怕对方给出的意见，不是自己特别认同和满意的，也会被一种无形的力量促使着去听从对方的意见，做出最终的选择。

马斯洛认为，一个完全健康的人必备的一项特质就是，充分的自主性和独立性。不能独立地作决定，也就无法操纵自己和把握自己的命运。如果你一直以来，畏惧自己作决定，太过依赖他人的意见，甚至不敢拒绝他人的建议，那么，从现在起，试着用下面的方法，来协助自己快速地作出决定。

⊕ 找一张白纸，在纸的正反两页，分别写出作决定产生的最大好处和最大坏处。写完之后对比一下，你会发现，决策很简单。

⊕ 作决定之前，询问自己：作了这个决定后，我会不会成为我希望的那个人？会不会得到我渴望的那份好处？作了这个决定，是否符合最好的我？如果答案是肯定的，那就果断一点，不要再犹豫。

⊕ 平日里多提升自我，建立充分的自信心，有足够的能力和自信，是克服优柔寡断、唯唯诺诺的根本保证。偶尔，要尝试把自己置于一个孤立无援的绝境，用自强的勇气和自信的力量去引导自己。

总而言之，遇事不要等别人拿主意，更不要一味听信他人的意见，要学会自己设计、自己决断。命运在你自己手里，不要让自己的命运之绳由别人牵着，后果却由你来承担。

04 扔掉圣人情结，谁都不是完美的人

"已经连续一个月没有休息过了，这个星期好不容易把项目做完了，准备在家好好待一天。没想到，朋友打电话过来，让我帮他去做一个程序。说实话，真心不想动，可朋友难得开一次口，还提前订好了吃午饭的餐厅，我就没有拒绝。

"晚上回到家，深感疲累。虽然活不怎么太辛苦，可吃饭、聊天、往返路程也耗费体力和精力。可是，想起帮朋友做完那个程序后，他拍手叫绝的样子，心里还是挺欣慰的。至少，觉得自己在朋友那里还是有价值的，也没白忙活。"

这样的内心独白，你曾经有过吗？朋友找你帮忙，你内心不太愿意，却还是不好意思拒绝，最后答应了。然后，你就想：既然改变不了处境，那就改变一下心境吧！毕竟，帮助别人落个好名声，就算累一点，也是值得的。不得不说，这样的思路是很有效的，通过转变看问题的角度来自我安慰，属于典型的精神胜利法。

为什么许多人都习惯用精神胜利法安慰自己，也不愿意干干脆

脆地拒绝呢？其实，每个人心里或多或少都有一点圣人情结，内心的崇高感经常会让我们冲动，不知拒绝，忘我地接受他人的请求。可是，当强烈的崇高感落到了现实的地面上时，我们那颗热血膨胀的心，是否也该冷却冷却，思考一下自己可怜的处境了？

当圣人情结发展到极致，就很容易导致心理上的病态和妄想，比如总是拿自己的不足去跟别人的长处比较，强烈要求自我变成一个完人。看似是追求完美，可真到了现实中，就变成了狭隘，看不到那些好的方面，只盯着微小的瑕疵，让自信心直线下降。

曾经有人对作家提出过这样一个"标准"：真正的作家，无私无畏，成败利害不萦系于心，得失存亡不牵挂于怀，功名利禄如过眼云烟，富贵荣华为路边粪土。这是怎样的一种境界啊？可仔细想想，这是对人的要求吗？应该是对一个神的要求吧！倘若按照这一标准来衡量，恐怕所有的作家都会感到无地自容。

同样，我们都只是普通人，若非要按照圣人的标准来要求自己，真的是很可悲。圣人情结的存在，会让人变得内敛和自我约束，很少产生恶行，这是好的一面。但是，不好的一面也很明显，就是容易"自虐"：无法容忍任何瑕疵，习惯性地忽视自己的优点，只看到自己的不足，无法拒绝他人的请求，把帮助他人当成理所当然的事。盲目地接受他人的要求，不考虑自身的情况，最终的结果就是背负沉重的压力，损害自己的身心健康。

见贤思齐是再正常不过的事,但我们应当保持清醒和理智。对于自身的实际情况,要多进行分析和衡量,对无能为力的请求,要大胆地拒绝。不要以为自己是不知疲倦的机器,高估自身的实力,盲目地来者不拒。那样的话,生活只会变得一塌糊涂。

05 承受也要量力，别把自己逼近死角

"如果真能过上朝九晚五的日子，我会觉得无比幸福，可那只是幻想。现实是，每天恨不得坐头班车出门，只为途中有个座位，晚上披星戴月地回家，没有具体的时间。这样的日子确实累，但有什么办法呢？机会来了不把握住，可能就再也没有了。每年年初都在想，再使劲拼一年，明年一定不再这样了。可到了下一年，还是一样……"

这样的现状，不知是多少都市人的真实写照，经常处在忙碌的状态中，把自己弄得身心俱疲，各种各样隐性的亚健康疾病和并发症随之而来。努力奋斗的态度无可厚非，可不顾身体的状况，盲目接下巨大的业务量，并不是长久之计。

一位年轻的作者，为了能跟出版社维护合作关系，但凡有编辑约稿，他都不敢轻易拒绝，总担心这一次没有跟对方合作，今后就可能会失去对方的信任。结果，他每天要工作14个小时，晚上躺在床上的那一刻，脑子都是胀痛的。

这样的状态持续了两三年，他的身体严重透支，总是频频头发，还出现了抑郁的情绪。幸好，他及时意识到了症结所在，开始对工作方式进行调整。他决定，先减少一半的工作时间，给每天的工作定量，如完成5000字即可。如果状态好，能够提前完成，剩余的时间可以看电影、看书，或是到户外的公园散步、慢跑。对于编辑的约稿，根据自己的实际情况有选择性地接受，不太感兴趣的、不太擅长的，都予以婉拒。

拒绝的结果，并没有他想象中那么糟糕。那些没有达成合作的编辑，没有怀疑他的能力，而是期待下一次的合作。他的做法也得到了不少编辑的称赞与欣赏，认为他是一个对自己、对他人、对工作都很负责的人，拒绝是为了保证自己有充沛的精力，也保证作品有优秀的质量，不为眼前的利益而迷失，这样的作者值得长久合作。

生活不是只有工作一件事，我们努力工作的目的，无非就是实现个人价值，让自己和家人生活得更好。有选择地拒绝一些业务性的交际应酬，也是在为了这个初衷而付出。

百事可乐公司的总裁卡尔·威勒欧普，是一个很重视家庭责任的人。有一次，他接到一个宴请电话，来电者是市长，可他并未碍于对方的权威而违心应邀，因为他早已经和女儿越好，晚上要陪她过生日。他婉言谢绝了市长的好意。

忙完手头的工作后，威勒欧普跟妻子都关掉了手机，高兴地为

第四章
无须费心讨好他人，自爱才值得被爱

女儿庆祝生日。正要切蛋糕时，威勒欧普的助理急忙赶来，说公司的一个重要客户要跟他见面，且客户今天就会离开。威勒欧普为难地说："不行啊，我已经答应女儿了，今晚会一直陪着她。"

助理继续劝说，这个客户不但重要，且跟他很熟。威勒欧普毫不犹豫地说："我还是觉得，现在不能离开我女儿，你去替我好好接待他，顺便把我的歉意转达给他，然后约个时间，我亲自拜访。"

女儿很懂事，让威勒欧普去见客户。但是，威勒欧普并未改变主意，他对女儿说："我说过不能对你失约，虽然市长和客户都很重要，但我给你的承诺更重要。"

助理发现，要说服威勒欧普是不可能的了，就急忙赶回去招待客户。为女儿过完生日后，威勒欧普第二天一早就给昨晚的那位客户打电话致歉，客户在电话的另一端并未生气，还说很感谢威勒欧普，因为他用行动证明了何谓一诺千金。之后，他们成了长期的合作伙伴，相互之间都非常信任。

一个有情商、有品行的人，不是八面玲珑、四处讨好，也不是来者不拒，而是有自己的坚守和操守。拒绝，不是自私，也不是冷漠，而是在真诚的基础上，量力而行。不考虑自身的情况，盲目地选择接受，未必能换来更多，也未必能赢得尊重；恰当的拒绝，是有力量的表现，更是对自己、对家庭、对生活的热爱。

06 你不亏欠任何人，用不着处处吃亏

人生在世，难得糊涂，做人没必要处处斤斤计较，偶尔吃点小亏也无须放心上。可若吃亏的人总是你，那就得反思一下了：究竟是人情险恶，还是你太想落个好人的称谓，习惯性地放任自己吃亏呢？

Chris在某公司担任程序员的工作，但他的工作却不只是程序员，而是被同事称为"全能专家"。每次公司推出新项目，虽然大家都在忙，可每个人的工作进度都很慢，一旦最终期限临近，大家都会把目光锁定在Chris的工作进展上，如果他适时地完成了任务，大家就会纷纷向他求助。结果，Chris就成了"全能专家"，哪儿都有他的身影。

项目结束后，大家都会在言语上对Chris大加赞赏。可若结果或程序中出现了问题，落埋怨最多的也是Chris。对于过分繁重的附加工作，以及同事们不谢反怨的态度，Chris内心虽然很恼火，可他又不敢公然发怒，这么久以来，接受他人请求已经成了他的习惯。

有一次，Chris在帮几个同时处理工作时，犯了一个重大的错

误。其实，以他的工作状态来说，出现这类问题绝不是偶然。这次错误让Chris被领导狠狠地处罚了一通，且此时公司资金链出了问题，减员也成了人心惶惶的事。

Chris虽然工作态度勤勤恳恳，也乐于助人，可他在本职工作上没有突出贡献。最终，公司没有留下Chris。在办公室收拾东西时，以往朝夕相处的同事劝他想开点，说他还年轻，不愁找不到更好的去处。话虽如此，可Chris的心里还是充满了酸楚。他回顾往日的经历，猛然发现，自己所做的每一步路都跟"吃亏"形影不离，这让他又恨又恼：如果当初就拒绝，还会是现在的结局吗？

有句古语说："可怜人必有可恨之处。"这里说的"可恨"，不一定是做了伤天害理的事，也有"咎由自取"的意思。就像Chris这样，他陷入窘境不能全怪别人，他也要为此事承担大部分的责任。为什么要接受同事不合理的请求呢？就算鞠里云旭，可以提供帮助，但起码要通过正常的程序进行交接，这样才不至于平白无故地吃"哑巴亏"。面对同事们过分的附加要求，Chris也是可以拒绝的，但很可惜，他没有这么做。

生活中像Chris这样的人有很多，他们放任自己吃亏的原因无非就是，不好意思拒绝。有时，心里很不乐意，但碍于面子却点了头。其实，大可不必如此。只要自己的做法没有原则性的问题，不必担心对方不高兴，更没有必要为了成全别人而自己受委屈。同事之间的关系是平等的，大家都是芸芸众生中的普通人，尽心尽力做好自己的事是本分，在有条件的情况下助人是美德，不接受分外事也是合乎情理的。

人只要在完全能够自主选择时，才会活得轻松，并挖掘出自身的潜力。人际关系也是一样，如果不懂得拒绝他人的请求，就会被他人所牵制。把专注力放在自己的分内事上，拒绝不合理的请求，不是自私和无情，而是对自己的尊重和保护。面对那些不合理，你也没有必要放任自己一味地吃亏，大家都是各凭本事吃饭，谈不上谁亏欠谁。

第五章
要有拒绝的勇气,
更要懂拒绝的艺术

01 让刺耳的"不"字，拐个弯再出来

人的一生都是在不断拒绝中度过的，无论说话还是做事，有选择就必然会有放弃和拒绝。只是，在面对别人提出的不合理要求时，如果直来直去地拒绝对方，未免会伤及对方的面子，认为你不够尊重他，进而产生不满情绪，严重的话还会让你多一个敌人。所以，拒绝别人时不要过于生硬，最好温柔缓和一些，多一点技巧和智慧。

丘吉尔不喜欢总是把孩子挂在嘴边，因此很少与人谈及孩子的话题。有一次，某大使对他说："温斯顿·丘吉尔先生，你知道吗？我还一次都没有跟您说起过我的孙子呢！"丘吉尔拍了拍他的肩膀，说道："我知道，亲爱的伙伴，为此我十分感谢。"听到这样的回应，对方便不再往下说了，因为他已经知道，丘吉尔在拒绝谈论这个话题。

每个人都会说"不"，可怎样说"不"，却要费一番思量。不信的话，你可以自己对比一下，同样一件事情，用不同的表达方式

说出来，带个人的感受是不同的：

——"我认为你说的不对"VS"我不认为这种说法是对的"

——"我觉得这样不好"VS"我不觉得这是个好主意"

虽然前后的意思差不多，可在拒绝别人的时候，显然后者更加委婉，容易被人接受。在日常生活中，如果我们能够做到，不伤害对方，也不为难自己，才算得上是拒绝的上上策。这需要我们掌握一些委婉拒绝的技巧，来避免不必要的尴尬。

⊕ 传递出"同意"的初衷，随后说出自己的难处

朋友邀请你周末去郊游，而你已经有了自己的安排，此时，你不妨对朋友说："我早就想跟你一起出去玩了，可是，我昨天已经和××约好了……"这样的回答，虽然是拒绝了朋友的邀请，但他内心能够感受到你的诚意，也就可以理解你。

别人想给你的工作加码，你可以这样拒绝："没问题，可我现在的任务太多了，有点忙不过来，你能不能过段时间再来找我？"这样的回答，表面上没有断然拒绝，把主动权交给了对方，但实际上已经让对方知晓，你此时此刻，甚至在短时间内，都无法答应他的请求。

⊕ 敷衍式的回答，把矛盾引向其他的地方

有人托你帮忙办事，你不好意思直接拒绝，可以告诉对方："我们单位是集体领导，我不是唯一的负责人，这样的事情必须经

过领导小组讨论，才能作出决策。不过，现在这样的事情恐怕很难通过，如果你实在要坚持，那也只能等大家讨论后再说，我个人说了不算。"听到这样的回答，对方通常都会无奈地说："那就算了吧，别让你为难。"

⊕ 答非所问的拒绝，比直接说"不"好得多

当对方问你："这件事你能不能帮忙？"你可以告诉对方："我待会儿要去参加一个很重要的会议。"显然，你的回答根本不是针对这个问题的，但对方会从你的话语中感受到，你暂时无法满足他的请求，他只能采取其他的办法。

言语是需要包装的，特别是拒绝的话。在不伤害他人的情况下，婉转地表达出自己的想法，是我们都要学会的人际交往之道。

第五章
要有拒绝的勇气，更要懂拒绝的艺术

02 拒绝别人的时候，真诚告知自己的难处

当别人有事请求我们帮忙时，往往会选择大肆地诉苦，说自己的处境如何艰难，以便博得同情和感动，让我们生出不好意思拒绝的心理。事实上，如果你不想答应对方的请求，不妨以其人之道还治其人之身，把自己的难处也讲出来，让对方知道，你的处境不比他容易。

为什么许多人会成为他人依赖的对象？遇到什么问题都找他想办法，碰到什么麻烦都让他帮忙解决？就是因为他从不肯诉苦。诚然，在别人需要时伸出援手，能够凸显一个人的价值，可时间久了，也容易变成请求者们的头等求助对象，陷入源源不断的麻烦中。

总是显示出自己的强，会降低你的拒绝力。适当的时候，我们还是要示弱一下，说出自己的难处。况且，生活本就如此，谁都没有三头六臂，也不可能一手遮天，即便你有强大的内心和体力，也架不住长期的消耗。一味地逞强，所有的困难都自己扛，也不利于

身心健康。

X所在的办公室，有一位同事突然离职，公司暂时又没有找到合适的人选，原本需要三个人完成的工作，就落到了她和另外一位同事身上。那位同事先休完产假回来，状态也不算太好，还需要照顾孩子，X为此不得不多承担一些。

为了按时完成工作，X经常加班，这样的状态差不多持续了三四个月。X实在扛不住了，不想再没日没夜地工作，就找老板倾诉自己的压力，并拿出医院的体检报告，要求加派人手。老板见此情景，很惊讶地说："我一直以为你们能应付得来呢，你怎么不早说？"

很快，老板就外聘了两个新员工。新人到位后，虽然对工作流程还不太熟悉，但X的工作量明显减小了，她总算长舒了一口气。

事实上，积极、有目的的诉苦，是很有效的沟通方式。在拒绝这件事上，也能发挥奇效。诉苦是一种能力，也要讲究分寸，不能太过夸张，也不能矫揉造作，要通过真实具体的倾诉，达到让对方动情的目的。诉苦的时候，一定要有耐心，不能怀着抵触情绪，烦躁地拒绝他人。那样的话，就算你的理由是真实可信的，也会让人不舒服。

Mark是单位里的中坚骨干，最近领导安排他负责一项权责以外的事，弄得他头晕脑涨。他是第一次接触这类工作，许多地方都

第五章
要有拒绝的勇气，更要懂拒绝的艺术

不太清楚，导致工作进度异常缓慢，焦虑的情绪也不断积累。就在这时，领导又派他到外地参加一个业务研讨会。

原本工作的事情就已经让Mark心烦意乱了，一听到出差的消息，他再也按捺不住内心的焦躁和抵触，不自觉地用强烈的口吻拒绝了领导的安排，说："不行，我去不了，手里这么多事情，让我焦头烂额的，根本没心思参加研讨会。"

听到Mark这样回应，领导也很生气，说："行，那以后就不麻烦你了。"

显然，Mark的情绪不是针对领导，而是被太多杂乱的事情干扰所致，让他失去了对自我的把控，在不经意间驳了领导的面子。其实，他不是不可以拒绝，如果在表达的时候多一点耐心，说明自己的难处，如："我也很想去参加那个研讨会，但您看，我现在手里的工作实在太多了，不能再拖延进度了，从精力上来说，也的确有点顾不过来……"这样入情入理的解释，领导也未必不理解。

该承担的义不容辞，扛不住了不要勉强。我们都不必成为故作坚强、死撑到底的人，压力太大的时候，就要学会放松。诉苦不等于承认自己是弱者，它是一种拒绝额外压力的方式，也是一种自我保护的理性选择。

03 同情对方的处境，可以有效地化解恶感

拿破仑·希尔说："同情在中和酸性的狂暴情感上，有很大的化学价值。"

我们所遇到的人中，有一半以上都渴望得到同情。即便是面对一个脾气最坏的顽固的人，如果你对他说"对于你的遭遇，我感到十分同情。如果我是你，我的想法也会跟你一样"，他也会软化下来。在拒绝别人的请求时，如果能把同情加进去，可以有效地安抚对方的情绪。

塔夫特总统总结人际交往的经验时，得出这样一个结论：同情是化解恶感最有效的药物。他写了一本名为《伦理中服务》的书，里面举了一个非常有趣的事例。

"一位住在华盛顿的太太，其丈夫在政界也是很有名望的人。她缠着我将近两个月的时间，让我给她的儿子安排一个职位。为了达到目的，她还请求议员中的几位参议员给她做说客。我不是不想帮她，而是因为那个职位需要的是技术型人才，已经有人为我推荐

第五章
要有拒绝的勇气，更要懂拒绝的艺术

了一个人合适的人选。显然，我不能够答应她的请求。

"很快，那位太太写信指责我，大致是说我忘恩负义，我当初劝说她那一州的代表赞助我的一项重要法案，而今我却全然都不记得了。我拒绝了她，让她心里很难过，很不开心。其实，她是想说，我只要做一点事举手之劳的事就能让她愉快，而我却不愿意。

"看到这封信的时候，或许很多人都会想到立刻回复，用严正的措辞回击她的无礼，并真的这样做。可我想说，你可以写，但是写过之后你最好把它锁进抽屉，过两天之后再拿出来。到那个时候，也许你就不会想把信寄出去了。我就是这样做的。

"之后，我很冷静，用最客气的措辞给她写了一封信。我说，我能够体会到一个母亲的心情，也能感受到她在遭受拒绝后的失落。我坦白地告诉她，安排谁去担任那个职位不是我一个人的决定，与个人的喜恶无关，而是选择最合适的人才，这也是我接受了他人推荐的原因。我表示，很希望她的儿子继续在原来的岗位上工作，做出更大的成就。

"结果，那封信让她消了消气。她回复了一封简短的信给我，说为她上次的言行感到抱歉。由于我委任的那个人无法在短期内上岗，那位太太也得知了这个消息。所以，几天之后，我又接到了一封署名是她丈夫的信。但我发现，信上的笔迹跟前两封信一样。信上说，他太太因为这件事有点神经衰弱，卧床不起，胃里可能已经

长了瘤。为了让她早日恢复健康，他希望我能够让他的儿子顶替那个已经委任的人。

"我假装不知道实情，给她的丈夫回了封信，说但愿他太太的病况是误诊，对他所遭遇的一切表示同情。只是，要撤回已经委派的人是不太可能的事了。几天之后，那个人就要上岗。之后，我在白宫举行了一个音乐会，这一对夫妇早早就来了会场，并向我致敬。"

盖慈博士曾在他的著作《教育心理学》一书中写道："人类普遍地追求同情，孩子们会急切地显示他受伤的地方，有的甚至故意把自己割伤、弄伤，以博取大人们的同情。"

何止是孩子会这样？成人也是一样。如果你想让别人接受你的思想，就要对他人的想法和愿望表示同情。如果你希望在拒绝之后，消除尴尬和误解，也别忘记送出你的同情。切记，表达同情时要拿出百分之百的诚意。

04 开口拒绝别人之前，先给予肯定和认同

在美国某电子公司的会议上，总经理拿出一个自己设计的商标，让大家发表下看法。

在阐述他的设计图案时，总经理说："这个商标的主题是太阳，和日本的国徽很像，我想，日本人肯定非常喜欢这款产品。"多数与会人员都恭维总经理，说他设计的主题怎么怎么好，一定很有销售前景。

有一位年轻的销售部经理并不太赞同。不过，他也没争论什么，只是淡淡地说："我担心这个设计太好了。"总经理听了有点诧异，可还是保持微笑，说不太理解他讲的话，希望他阐述下理由。

年轻的销售部经理不慌不忙地说："这个设计和日本的国徽确实很像，我也相信它能在日本大受欢迎，可公司瞄准的是整个亚洲市场，不单单是日本。日本人喜欢它的设计，那么中国人、韩国人、马来西亚人会喜欢吗？如果他们都不喜欢的话，会不会影响我

们制定的整个销售战略？我想，为了一棵树而放弃整个森林，有点得不偿失。"

总经理听了这样的解释之后，连声叫好。

从这件事中我们不难看出，要向有一定权威的人表示反对的意见，或者拒绝他的建议，一定得讲究一些技巧和策略。销售部经理先是说担心"它太好"，照顾了经理的自尊，认可他的看法，让他在众人面前保住了颜面。接着，他又说出自己的看法，减少了对方的失望感和不愉快，让对方有一个心理上的缓冲，最后坦然接受他的看法。

其实，这就是生活中很实用的一种拒绝技巧——先认同后拒绝。

E小姐下班时，被公司其他部门的一位男同事叫住。在此之前，他们有过几次接触，E小姐也明显感觉出，对方似乎有意向她展开追求。E小姐有一个原则：杜绝办公室恋情，即便不在同一部门也不行，这种恋爱方式，势必会影响到人际关系和工作状态。

果不其然，那位同事邀请E一起去听音乐会，说话的时候还把音乐会的票递给她。遇到这种情况，直接把票退回去，似乎不太合适。E小姐接过音乐会的票，认真地看了一下，真说："噢，这场音乐会我之前看过介绍，挺不错的呢，曲目我都很喜欢。可是……"说着，她从包里拿出记事本，翻看了一下，补充道，"真不好意思，我刚看了下备忘录，那天已经约了人，很抱歉，没办法和你一起去了。"

那位男同事表示没关系，可以理解。之后，E小姐双手把票退还给那位同事，再次对其表示感谢，然后客气地与之告别了。

先认同后拒绝的巧妙之处在于，在认同的过程中，给予了对方尊重与认定，也让其有了被拒绝的心理准备，更容易接受被拒绝的事实。当然，在运用这一技巧时，态度一定要诚恳，让对方体会到你的诚意。与此同时，说话的语气要放松，不要急躁，不然的话，对方会认为你没有经过思考就草率地拒绝，是对他的轻视和伤害，最后甚至会影响彼此的关系。

此外，有些合情合理的请求，需要慎重考虑后，再做决定。如果最后实在没有办法，也要给予对方一些安慰，并且诚恳地提供其他建议作为参考，减少对方的失望感。

05 关键时刻的示弱，让拒绝不再尴尬

现在，请你思考一个问题：如果你的经济条件不如某人，在他遇到金钱方面的问题时，他会找你借钱吗？如果你的学识阅历不如某人，在他遇到撰写文书的麻烦时，他会劳烦你代笔吗？

毋庸置疑，答案是否定的。这就可以解释一个事实：他人之所以会向我们发出请求，是因为他们认为我们有能力做到这件事。假如我们确实有这样的能力，但内心不太想接受对方的请求，该怎么办呢？最简单有效的方式就是，用自我嘲笑的方式降低姿态。

有一次，林肯总统收到了一张邀请函，是某报纸主办的会议方发来的。林肯非常清楚，会议的组织者邀请他的目的，就是看中了他的总统身份，想借助总统的地位和影响力，提高会议的知名度。林肯很不愿意出席这类活动，可为了彻底解决此类问题，他还是决定出席。

到了发言的时刻，林肯承认自己不适合出席这种活动。为了让理由听起来更充分，他还特意讲述了一个幽默的故事：

第五章
要有拒绝的勇气，更要懂拒绝的艺术

"有一天，我到树林里散步，一位妇女骑着马迎面而来。我立刻站到路边，给她让出小路，奇怪的是，她并没有继续往前走，而是在我身边停了下来，盯着我的脸看了半天。然后，她对我说：'我刚才仔细地回想了一下，我真的没有见过比你更丑的人。'

"我平静地回答：'你说得没错，可是我也不想这样呀，能有什么办法呢？'

"妇人用略带嘲讽的口吻对我说：'确实如此，你无法选择自己的相貌，只能接受。但是，你可以选择待在家里，干吗非要出来呢？'"

听完林肯的故事后，所有人都被逗得哈哈大笑，同时也被他的谦逊和幽默折服。林肯借助这个有趣的故事，嘲笑自己长得丑，不适合出来露面，也是在委婉地向各种活动的组织者表达自己的态度。他的表述听起来很滑稽，可又亲切可爱，即便是拒绝，也让人乐意接受。

自嘲，是幽默的一种表达方式。心理学家佛洛依德认为，如果用幽默的方式与人亲近或拒绝他人，更容易被对方接受。这种方式是被社会普遍认同的，它能让人把压抑在内心深处的情感和思想释放出去。谁在遭到他人拒绝的时候，心里都会有些不舒服，但又羞于说出自己的不愉快，用幽默来表达就不一样了，它能让我们无须再顾虑重重，在轻松愉快的交谈中表明自己的拒绝之意。

20世纪50年代，美国总统杜鲁门因为政事召见了麦克阿瑟将军。麦克阿瑟表现得很无礼，他没有征求总统的意见，直接拿出烟斗装上烟丝，把烟斗叼在嘴里，等到他拿着火柴准备点火的时候，才来征询杜鲁门总统的意见，说："总统先生，我抽烟您应该不会介意吧？"

他已经摆出了要抽烟的架势，再来征求总统的意见，显然只是做做样子。当时，如果杜鲁门说他很介意，肯定会显得他粗鲁无礼，又很狭隘。可是，如果他默许的话，那就等于接受了麦克阿瑟无礼的傲慢言行，这让他很没面子。

幸好，杜鲁门总统很机智，他没有做出失礼的举动，而是运用了自嘲。他看了麦克阿瑟一眼，自嘲道："没关系，将军，你可以抽烟！我想，任何一个美国人脸上被喷的烟雾，都不如我脸上多。"这番恰到好处的自嘲，让杜鲁门表现出了幽默的一面，并拒绝了对方在他面前抽烟的请求，同时也让麦克阿瑟意识到了自己的失礼。

自我嘲笑的拒绝方式，犹如跷跷板，在抬高别人的同时压低自己，以便实现拒绝的目的。为了不做违心的决定，为了融洽的人际关系，不妨在恰当的时候自嘲一把，用笑声裹住尴尬，让拒绝变得温和有趣，又不失态度。

第五章
要有拒绝的勇气，更要懂拒绝的艺术

06 拒绝对方之后，适当给予一些补偿

许多人不敢拒绝，就是害怕面对拒绝后的尴尬。如果一件事情你实在无法应允，必须要拒绝对方，也不必太过纠结，遵从自己内心的决定即可。在拒绝之后，你可以试着通过弥补对方的心理空白，消除拒绝后的尴尬。

在人的心理机制中，心理补偿效应的作用是很明显的。只不过，它是一种潜意识行为，没有多少人会意识到它的存在，一旦遭遇拒绝或失败，就会不自觉地冒出来。看看下面的这些独白，你会有更加深刻的体会——

"那家公司也不怎么好，薪资待遇不算提高，就算录用了我，我也未必会去。"

"说是精英选拔，其实就是挑出来最能干活的人，去背更沉的担子。我不希望工作压力那么大，现在这样也挺好的，至少落得个轻松自由。"

"她也就长得好看点儿，其他地方也没什么好的，**整天摆着一**

张冰冷的脸，好像全世界都欠她的，一点儿生活情趣也没有。"

"现在这单位虽然小点，可至少能得到领导的器重，先前许多心仪的大公司，未必能给我提供这样的机会。"

细细琢磨这些话，无疑就是在被心仪的公司、异性拒绝后，或是竞选失败后，给予自己的心理安慰。如此种种，都是补偿效应在作祟。所以，在拒绝了他人的请求之后，一定不要忽视对方的心理补偿需求，可主动给予对方一些安慰，化解双方的尴尬。

如果你无法满足对方提出的请求，那可以帮他做一些力所能及的事情，作为补偿。当朋友心急火燎地找寻解决方案，他只想到了向你求助，而你又觉得这条路不可行，此时你就可以向他提供另外的一条可行之路，如："你刚才说的这件事，我恐怕无能为力，但我有另外一个建议，你可以试试看……"如果你提出的建议能被对方所接受，那自然是皆大欢喜；就算对方认为不可行，至少你也在尽力帮他了，可减少对方的挫折感以及对你的怨恨心理。

在使用心理补偿机制的时候，一定要表达出你愿意帮忙的诚意，缓解对方的被动局面。大致来讲，你可以采用以下几种方式，来弥补对方空白的心灵。

⊕ 感同身受

面对面地安慰对方，让其觉察到你内心的波动，这直接影响着安慰效果。如果你能够对求助者的遭遇感同身受，就能最大限度地分担他的痛苦。对于被安慰的人来说，这也是给予他们最好的礼物。

⊕ 坦诚相待

安慰别人时，如果不知道该说些什么，也不用太过焦虑。事实上，你可以实事求是地告诉对方："可能我无法理解你的感受，也不知道该说些什么，但我真的很关心你。"这种坦诚和直白，也可以给予被安慰者莫大的支持。

⊕ 设身处地

对于一些身陷囹圄的朋友来说，他们可能也无法说清楚自己真正需要什么样的帮助。此时，就需要你设身处地思考一下，对方需要哪些帮助，提供一些力所能及的方便。

⊕ 提供资源

安慰别人时，虽然不需要帮对方解决实际问题，但可以向对方提供一些可用的资源，如专家、朋友，或是书籍、电影，等等。

⊕ 体验成功

当对方心灰意冷时，不妨帮他回顾一下成功的体验。如果他曾经在某个领域获得过荣誉，你可以这样说："听说你以前得过××奖？当时是什么感觉？"听他将过去的成功经历和体验，能让其慢慢忘掉不愉快的事，重新找回自信。

第六章 温和而坚定的态度，可以提升拒绝力

01 让自己时刻保持可拒绝的状态

动物行为学家康拉特·罗连茨曾经提到，刚孵出来的大雁幼鸟，会把当时离它最近的罗连茨当成母鸟，一直追随他。人类也有与之相似的行为，胎儿在母亲的腹中，母亲抚摸自己的腹部，胎儿的身体就会记住这种被抚摸的舒适感。这种身体接触的体验和知觉，具有不可逆性，就像难以消除的印记一样，受到终生的强力支配。

说这些的意义是什么呢？其实，就是提醒我们：当你把自己置身于对方触手可及的范围内，你就有难以拒绝对方要求的危险。换而言之，想要保持拒绝力，就得学会与人保持适当的距离，让自己时刻保持可拒绝的状态。一旦靠得太近了，你可能会不好意思拒绝对方，这样一来，就无端地给自己造成了困扰。即便是关系很好的朋友，也应当亲密有间。

薇薇和M是合租的室友，关系很好，M经常向薇薇借衣服。起初，薇薇也没有介意，毕竟如同闺蜜，借一件衣服也无妨。后来，薇薇却发现，M的行为已经触及了她的底线。

第六章
温和而坚定的态度，可以提升拒绝力

在没有得到薇薇许可的情况下，M经常会翻看薇薇的私人信息，如照片、信件，甚至是手机上的消息。这些都是薇薇的个人隐私，她有一种被"侵犯"的感觉，可一想到今后还要继续在一个屋檐下相处，也就忍着没说。有时，她也会暗示M不要乱看自己的私人消息，可M却不以为然，说："你也可以看我的呀！"

有一次，薇薇看到M戴着一对很眼熟的耳钉。她翻看自己的抽屉，果不其然，就是男朋友送自己的那一对。她特别珍爱，一直都没舍得戴，就放在首饰盒里。没想到，M竟然私自拿出来戴上了。

薇薇再也忍不住心中的怒气，质问M："你都没有问过我，就把那对耳钉拿去戴了，不觉得过分吗？你这跟偷有什么分别？"听到"偷"这个字眼，M也急了，说薇薇"小家子气"，随便侮辱人……昔日的好友变成了针锋相对的仇敌，曾经苦苦维系的关系，瞬间化为泡影。

事情会发展到这一步，不是M一个人的问题，薇薇自己也要承担部分责任，是她没有给M以合适的距离感，才让M大胆地踏入了她的私人领地。薇薇没有事先划清楚界限，让M知道有哪些事情是不可以做的，她才会一而再再而三地触碰薇薇的底线。

拒绝，是保护自己的一种方式。为了给自己创造一个舒服的、自由的、安全的私人领地，不要盲目地给任何关系加温。关系犹如人脑，一旦太狂热了，就容易失去理性。保持理性，才能保持拒绝

力。如果有人不断向你靠近，甚至已经威胁到了你心理上的势力范围，就要及时地向对方喊"Stop"。当亲密有失分寸时，就会导致裂变，最终分道扬镳。

不仅仅是朋友之间需要保持适当的距离，就算是情侣或夫妻，也要给对方独立的空间，不能试图把对方紧紧地攥在手里，那会让对方感到无法呼吸。过度的亲密会变成压力，让人感觉压抑并想逃离。

其实，像刺猬一样相处，才是维系关系的智慧。找到一个合适的距离，既能获得对方的温暖，又不会被对方的刺伤到。人与人之间要保持适度原则，距离产生美也不是无稽之谈。靠得太近并非好事，必要的时候还是要保持一点距离，每个人的内心都需要这种安全感。

02 客气的样子，本身就是一种拒绝

N在经济上遇到了一些困难，想开口向一位大学同学借钱。虽说原来两个人的关系挺亲近的，可自从工作以后，都是网络联系较多，见面的次数很少。最近，难得有机会约见，N知道那位同学境遇不错，想求他在金钱方面给予自己一点帮助。

见面后，N忽然发觉有点儿不对劲。过去，大家在一起有说有笑、胡乱开玩笑，可这次见面，同学的态度却跟以前不同了，说话的时候很正式，基本上没有调侃。点菜的时候，同学很客气地把菜单递给N，就像对待客人一样对待他。

原本还想开口跟同学提借钱的事，可见此情形，N怎么也开不了口了，直觉和氛围似乎在提醒他：他和你的关系不似从前了，还是不要开口得好……就这样，在拘谨的状态下吃完那顿饭，N就跟同学告别了，自始至终没有提过钱的事。N觉得，不仅这次不会提，以后恐怕也不太好意思去找对方帮忙了。

你可能也有过和N类似的体会：昔日的朋友，在一起嘻嘻哈

哈、谈天说地，彼此都不会感到太拘束。突然有一天，对方变得客气起来，不再轻易跟你开玩笑，说起任何事都是一本正经的样子，你会感觉再用从前那样的方式和他相处，似乎不太合适了。

为什么会有这样的感受和行为变化呢？因为，客气会让人感到拘谨和见外，不能在对方面面前随心所欲地去做任何事。但凡求人者，最喜欢的都是拉近彼此的关系，比如声称"一家人不说两家话""咱俩谁跟谁"之类。总之，为了消除生疏感，会想尽办法消除客气，弥合彼此间的心理距离。

也许，N的同学早已经预料到，N和他见面可能会有一些请求，但他近期自己的事情都顾不过来，没有心思去帮任何人，所以事先摆出了一副客气的姿态，拉开了彼此的心理距离。

所以，想提升拒绝力，不妨学会客气。这样的话，一方面能让你更容易把"不"字说出口，另一方面也能让对方不好意思提出请求。就像直觉和氛围带给N的感受：彼此都这么生分了，如何求人呢？

表现出客气的态度时，一定要坚定，不能一下子就被对方的诚恳感动。许多人都是因为太容易感动，结果忘掉了客气，最后在不好意思的情况下，接受了对方的请求。说客气话的时候，不能跟对方套近乎，这样不利于拒绝。如果对方试图与你套近乎，你要保持头脑清醒，不要沦为对方的"感情俘虏"。一旦落入了情感陷阱，就很难拒绝了。

03 听对方把话说完，再开口拒绝也不迟

当别人向我们提出请求时，就算内心不太愿意，已经有了拒绝的打算，最好也不要打断他人的话，立刻就用"不"字去堵对方的口。我们说过，拒绝不代表与对方的关系决裂，而是表明自己的立场和态度。人与人相处，要将心比心，你能让对方理解你为何会做出这样的决定，即便这一次你没有答应他的请求，也不会闹得形成陌路。

在拒绝他人之前，还是应当真诚、耐心地听对方把话说完，让他确认你是尊重他的，而不是一点机会都不给对方，直接说"不"。如果双方都能在平静、愉快的交流下知道对方的真实想法，哪怕你回绝了对方，对方也不会因此误会你。与此同时，在倾听的过程中，你还能够更加清楚地认识一个人，了解他的处境，以便具体问题具体分析，找出恰当的解决之道。

"亲爱的，你现在手里有多少钱，能告诉我吗？"

被闺蜜这么一问，路娜突然有点不知所措，毕竟这牵涉到个人

隐私的问题。可她们是多年的好友，直接回绝的话，恐怕会伤到对方的面子。面对这个难为情的问题，路娜只好含糊其辞地告诉她："咱们认识这么久，我的薪资状况你都知道，不吃不喝全攒下，又能有多少？"

闺蜜见路娜很为难，意识到自己的问题有点冒昧了，虽然是好友，可在钱的问题上还是很私密。闺蜜不好意思地说："你工作也有十年了，再怎么说也比我攒的钱多吧？我想跟你借钱，付给你利息，和银行一样。"

路娜这时总算知道了闺蜜的真实想法，她心想：借钱还要给利息，想必数目一定不小，不像以前似的，两三千块钱救个急。左思右想之后，路娜对闺蜜说："咱俩关系不错，你也清楚我的情况，我就是一个北漂，日常开销全靠这点死工资。我虽然没成家，可每个月还要给家里寄回去一部分，基本上就是月光了。你这么着急借钱，做什么用呢？"

"我想买房。"闺蜜如实相告。

路娜听了这个回答，又开始思索：买房子需要不少钱，自己真的是心有余力不足。以前，闺蜜找自己借钱，都是小数目，而自己也没拒绝过。可是，这一次不一样。她跟闺蜜说："买房子是好事，但也需要不少钱。你怎么这么着急买房呢？我连想都不敢想啊！"

闺蜜叹了一口气说："我也是被逼的。现在结婚了，过年过节

第六章
温和而坚定的态度，可以提升拒绝力

总有亲朋友好友来拜访，我们现在住的地方太小了，家里老人过来都没地方住，现在就想着凑个首付。这次向你开口，也是碰碰运气。"

听闺蜜这么一说，路娜松了一口气，看闺蜜的样子，并未因为自己拒绝借给她钱而生气。她悬着的心总算落地了，转而安慰闺蜜："原来，你是来我这里碰运气的。不过，你遇到困难能想到我，我也很开心，只是我的情况你知道，实在是有难处。"

闺蜜连连表示没关系。之后，路娜就跟闺蜜一起分析她的现状，在经过冷静的思考后，闺蜜也觉得自己的想法太冲动了，欠缺考虑，自己的经济条件根本不具备买房的能力，借钱买房更是不太明智。最后，她决定可以先租一个大点的房子，延迟买房的计划。

我们在前面也说过，借钱的问题不能掉以轻心，哪怕是亲戚或朋友，感情很深厚，在钱这个私密的问题上，也要有自己的原则，能帮则帮，不能帮也要说明原因，不能因为不好意思拒绝而勉强接受自己力所不及，或是不情愿的请求。

从路娜处理闺蜜借钱的过程中，我们也能够看出一点：耐心、冷静地听对方说话，了解对方的想法和处境，有助于我们判断是接受还是拒绝。最后，就算是拒绝，也可以帮对方出谋划策，另辟蹊径，寻找更好的解决办法。当然，在倾听的过程中，也要有限度，该拒绝的时候要表明态度，不能让对方觉得你立场不坚定，模棱两可。

04 态度一定要坚定，话点到为止就行

当别人提出的请求，违背了你的个人原则或价值观念，拒绝是必然的选择。古人提醒我们："良言一句三冬暖，恶语伤人六月寒。"拒绝的目的，是让对方明晰你的态度，但不是用言语攻击对方，让他感觉向你提出请求完全是自讨苦吃。

拒绝的态度，一定要坚定，不能含糊其词；然而，拒绝的话，点到为止就行了，要给对方留个台阶。对于那些算不上完全无理的要求，不要全盘否定或断然拒绝。当你无法做出最后的决定时，更要措辞谨慎。

陈老师在某高校担任文学讲师已经有20年了。最近，文学院进行了教师职称评选，作为文学院的元老级人物，陈老师没有入选，这让他内心愤愤不平，想最后再争取一下。为此，他在评定结果公布之前，跑到了校长家里询问情况，也希望借此向校长诉苦求情，让自己能够评上职称。

校长热情地接待了陈老师，双方刚一入座，陈老师就开门见山

地对校长说:"校长,我想知道,这次评职称我有希望吗?"

校长没有直接回答,而是先给陈老师倒了一杯茶,笑着说:"喝点茶,最近身体怎么样?"

陈老师听后,只好接过茶杯,暂时按捺住内心的焦虑,回应说:"还好。"

校长说:"那就好,现在你们这些老教师,可是咱们学校的宝贵资源,青年教师还需要你们辅导和帮带呢!"

听了校长的话,陈老师觉得自己似乎还有希望,他连忙说:"作为老教师,我也会尽力,但不知道我是否能……"

其实,校长早就知道陈老师登门的目的,他顺着陈老师的话说:"不管这次评得上评不上,学校都要依靠你这样的老教师。你经验丰富,教学得法,学生的反馈也不错。我想,对于一名教师来说,这一点比什么都重要,你说呢?"

陈老师叹了一口气,只好回答说:"是啊!"

校长见陈老师有点泄气,又说:"这是你们文学院第一次评审,历史遗留的问题很多,僧多粥少,有些教师这次暂时还很难如愿,只能等到下一次。这只是时间问题,相信大家都能谅解,不管怎样,我们都会尊重并公正地评价每一位老师的劳动,特别是你们这些辛苦了几十年的老教师。"

陈老师听完,明白了校长的意思,他点点头,没再多说什么,坐了一会儿就告辞了。

回顾校长和陈老师的谈话，整个过程中，校长对陈老师表示出了充分的尊重，肯定了他的辛苦付出。虽然拒绝了他，可拒绝有度，点到为止，没有让陈老师觉得尴尬。这种方式值得我们效仿，如果不晓得拒绝的话要怎么保持一个合适的度，也可以引用名人名言、俗语谚语，来表达自己的意思或观点。这样既增加了话语的权威性和明确度，也不用浪费太多的口舌去解释，还能达到点到为止的效果。

我们要多掌握一些拒绝他人、点到为止的技巧，如为他人提建议的时候，安慰一下他的心情，向其表明自己的难处。这样的拒绝，不让让人感觉你是置身事外的旁观者，而是觉得虽然你拒绝了，但你还在跟他一起想办法，依然是真诚待他的朋友。

05 摒弃半推半就，不给对方可乘之机

"能帮我做一个PPT吗？"

"真的有点忙，实在不好意思。"

"噢，不着急，明天做也可以的。"

"……"

"你不是说想买电脑吗？我刚好要换电脑，手里这个也是九成新的，你考虑一下？"

"哎，我现在穷死了，哪儿有钱买电脑呀！"

"钱的事儿不用着急，电脑你先拿走用，什么时候有钱再给我就行了。"

"……"

上面的两个情景，你应该不会感到陌生，甚至许多人还亲身经历过。别人提出了一个请求，你不太愿意接受，言语上也做出了一些表态，可对方似乎并不接茬，弄得你不知道该怎么回应，落得了半推半就的结局。

问题到底出在哪儿了呢？归根结底，就是没有让对方看清楚你坚定的拒绝态度。

在拒绝的过程中，不是说一句"我有点忙""我手里没钱"等托词就能让对方善罢甘休，而且这种回答还可能会让对方觉得你不够真诚，甚至将其当成突破口继续跟你纠缠，直至你妥协，答应他的请求为止。

真正有力的拒绝，一定要给出充分的理由，坚定自己的立场。这样做是绝对必要的，如果你在拒绝别人之前，没有想好充分的理由，很有可能就会被对方的理由说服，毕竟他是来求助的，肯定很着急，也必然有所准备；你的理由不充分，在双方交涉的时候，就会显得苍白无力。看看推销员和客户之间的对话，你就会发现这一点，当客户的拒绝理由不充分时，推销员就会趁机说服，而这一策略往往能让他胜出。

客户A："我现在很忙，你别再打扰我了。"

推销员A："先生，您没听过洛克菲勒说过的话吗？'一个月天天埋头工作，不如花一天时间来想想更好的生财之道。'我们不需要您一天的时间，只需要15分钟跟您商谈一下即可。请您定一个方便的时间，我们周二、周五都会在您公司附近，可以在周二上午或周五下午来拜访您。"

……

第六章
温和而坚定的态度，可以提升拒绝力

客户B："你说了这么半天，不就是在推销这个产品吗？"

推销员B："我是销售员，说不想卖产品是假的，但前提是，你买了我的东西能够获得你期望的价值，这样我才会卖给你，有关产品价值这方面的内容，我们可以找个时间一起讨论下，我下周一过来好，还是周五过来好？"

……

客户C："你说的这个活动，我不想参加，丝毫没有兴趣。"

推销员C："这个我理解，让你对自己不了解的东西感兴趣，那是不可能的。正因为此，我们才要亲自给您详细讲解一下产品的性能，我们周一或周三来拜访您，好吗？"

……

从上面的三组对话中，可以清楚看到：当客户的拒绝理由不是特别充分时，推销员就拿出了充分的理由说服对方，这样做既可以表达对客户的理解，也说出了产品对客户的价值，让客户很难再拒绝。

如果你想拒绝别人，从一开始就要给出充分的理由，这样才能站稳立场，并获得对方的理解，消除不必要的误会。拒绝的理由不一定要很多，但一定要能有效地达到目的。

06 遵从自己的内心，不必刻意去伪装

活得纠结的人，往往都是想得太多。然而，生活有时并没有那么复杂，碰到事情的时候，也不必绞尽脑汁地去想，到底是该接受，还是该拒绝？为人处世需要有情商和智慧，但也需要遵从自己的内心，而不是刻意去伪装自己，只想向他人展示自己身上美好的一面，把苦楚全都留给自己。

当你想拒绝别人的时候，用不着去找各种借口来掩饰真实的想法，更不必以亏欠的姿态百般解释。选择拒绝，必然是有理由的，否则的话，就不会做出这样的选择。只要你的拒绝是合情合理的，即便对方会有一点儿不悦，他也会敬重你的真实和坦诚，不会伤害彼此之间的情谊。

玛丽的朋友扭伤了脚，1个月内无法正常行动，她请求玛丽帮她开车。碍于彼此间的情谊，玛丽接受了，认为朋友身陷困境，再难也要帮她一把。于是，接下来的1个月里，玛丽在朋友和工作之间两头忙活，疲惫不堪。

第六章
温和而坚定的态度，可以提升拒绝力

然而，结果并没有玛丽想得那么好。她本以为，朋友会感激她的辛苦付出，可事实是，朋友对玛丽的帮忙不太满意，认为她总是迟到，不够守时。玛丽为了照顾朋友，自己的工作受到了影响，老板认为她心不在焉。一时间，玛丽焦头烂额，身心俱疲。为了一个勉为其难的"接受"，让自己落得这样的下场，玛丽也为自己感到不值。

身处玛丽的位置，很多人也会觉得，朋友陷入困难之际，确实不好回绝她的请求。事实上，问题也没那么复杂，只要拒绝得合情合理，既可以保证自己的生活不受影响，也可以赢得朋友的理解。我们就依据玛丽遇到的情况，展示另外的一种处理方式。

"你的脚扭伤了，我很难过。你能在这个时候想到我，我觉得很欣慰。但是，我这次真的帮不了你。"

"为什么？"

"我近期的工作事务太多了，是在无法保证时间安排。我知道你的情况特殊，也需要帮助，但我希望你谅解，我确实没有时间。"

"咱俩关系这么好，我才找你的。"

"正是因为我珍惜咱们之间的情谊，才坦诚地告诉你实情，让你知道我的现状和心里真实的想法。如果可以的话，我肯定会帮忙，但这次真的不行。"

"你现在好像只关心自己的事情……"

"我知道,这样说的话,容易被误会,但情况真不是你想得那样。"

"你说的话,我听着很不舒服。"

"你想多了,我不是因为不在乎你才拒绝,是因为我之前已经答应了领导,近期会全身心投入到新项目中,这是信用问题。所以,我现在没办法帮你了。"

"我还是觉得自己不被重视。"

"你这样想也正常,谁都希望别人能把自己放在很重要的位置上。你冷静一下,听我说,我们现在不要浪费时间去争吵这些了,最好还是想想办法,看能够找到谁来照顾你。我们俩一起商量一下,看这个问题该怎么解决。"

"你说得也有道理,还是想想怎么解决问题吧。"

"嗯,你也认真想想,我也琢磨一下。你不要难过,好好养伤,有空我就过来看你。现在,我还有工作要忙,先不跟你聊了,再见。"

拒绝本身不是直接引起他人的反感和抵触,关键在于"如何拒绝"。特别是在面对熟人的时候,如果能在拒绝之后,给出合情合理的解释,往往都能赢得他人的理解。如果条件允许,且对方接受,可以提供替代方案,实现双赢的结局。

第六章
温和而坚定的态度，可以提升拒绝力

07 谁都在乎自尊，哪怕在遭到拒绝时

回忆一下：你有没有被他人拒绝过？在被拒的那一刻，你是什么样的感受？

相信每个人的感受都不一样，有人会觉得很尴尬，有人会觉得很生气，也有人觉得可以理解，关键不在于个人的气量，而在于拒绝者的态度。如果对方拒绝了我们，但态度很真诚，并且表现出了对我们的尊重，这样的拒绝更容易让人接受。

人际交往中有一个黄金法则：用你希望别人对待你的方式，去对待别人。在被拒绝的那一刻，你希望对方尊重自己，那么在你拒绝别人的时候，也要给予对方足够的尊重。

英国前首相狄斯雷利，在上任期间，有一位野心勃勃的军官想让他加封自己为男爵。狄斯雷利知道这位军官很有才能，在英军中很有威望，需要跟他维持友好的关系。但是，这位军官并不具备被封为男爵的条件，他不能为其破例。

为了这件事，狄斯雷利很苦恼：直接回绝的话，那位军官自然

会不高兴，如果因此引起内部矛盾或是其他问题，那就得不偿失了。如果答应军官的要求，就有失公平，甚至会得罪更多的人。

但是，狄斯雷利很快就面露笑容，因为他想到了办法。他命令亲信拿着自己亲笔写的邀请函，到军官家中拜访，邀请函上写着：请军官某日来首相官邸，首相将单独会见你。

军官看过后，不禁想到：首相肯定是同意了的自己的要求。于是，他高兴地按时赴约。谁知道，刚一见面，首相就坦白地对他说："很抱歉，我不能给你男爵的封号，但我可以给你一样更好的东西。"接着，狄斯雷利放低声音说："我会告诉所有人，我曾多次请你接受男爵的封号，都被你拒绝了。"

军官先是一愣，接着点头答应，满意地离开了。很快，这个消息就传出去了，大家都称赞这位军官谦虚无私、淡泊名利，对他的礼遇和尊敬远远超过男爵。为此，军官也成了狄斯雷利最忠实的伙伴和军事后盾。

军官请求加封男爵的目的是什么？无非就是名利和荣誉。出于公平，狄斯雷利拒绝了军官的请求，但他抓住了对方的真正需求，换了一种方式来给予对方想要的东西，让军官感受到了尊重。这样做的结果，不但让狄斯雷利保全了自己的威严，也成功获得了军官的忠心。

Nina在一家跨国公司担任总经理，由于工作能力突出，后被

第六章
温和而坚定的态度,可以提升拒绝力

调到总部工作。临走之前,她设宴款待相处已久的同事们。原本是一场离别的宴会,没想到,最后变成了同事集体送礼,这是Nina万万没想到的。她不想收下大家送来的贵重礼物,可当面拒绝又不太好,会让气氛变得尴尬。

其实,Nina很清楚同事们的想法,无非是希望能在工作上受到提拔。每个人都有这样的心愿,但现实情况是,一个萝卜一个坑,坑没有那么多。倘若收了大家的礼,即便是提拔了其中的一位,也会落人话柄,产生误会。与其如此,倒不如全都拒绝,落得一身轻松。无论今后谁被提拔,都是凭借自己的能力上去的,无可厚非。

所以,Nina只好暂时先把礼物统统收下,并在上面记录送礼人的名字,以便原物奉还。待酒宴结束后,Nina对同事们说:"我本来不想拒绝大家的好意,只是没想到会收到这么多的礼物。在这里,我先对大家说声谢谢。不过,我马上就要出国了,这些东西也带不走,放在家里真的太浪费了。虽然我去了总部,可大家在工作上有什么问题,咱们依然还可以保持沟通。将来若有什么好机会,我一定会尽力推荐。这些礼物,还请大家拿回去吧。"

听到Nina这样说,同事们只好各自拿回了自己的礼品。

与人交往时,多站在他人的角度去思考问题,多给他人多一点余地,尽量不要伤及对方的自尊。毕竟,每个人都很在意自尊,哪怕是在被拒绝的时候,将心比心,才能换来他人的理解和尊敬。

第七章 从被动变主动,灵活是最高级的拒绝

01 让对方感觉不舒服,他会主动离开

在某些情况下,如果不太方便用言语拒绝他人,不妨采取一些特殊的做法,让对方感觉不舒服,迫使其主动地离开。这个方法在生活中很常见,很多人都曾被这样的方法拒绝过。

接下来,我们针对这个拒绝方式,提出一些具体可行的做法。在了解的过程中,你可以结合自身的生活体验,看看是否真的奏效。

⊕ 用硬椅子、冷板凳来下"逐客令"

美国连锁酒店大王康拉德·希尔顿曾说:"不要让顾客坐太软的椅子。"

以咖啡店来说,如果店里的椅子太软,坐起来很舒服,客人很有可能会一下子坐上两三个小时,这样一直霸占着座位,会降低人员的流动性,从而影响收益。然而,作为咖啡店的老板,不可能直接上前要求客人离开。为了避免这种情况的发生,干脆就设置一些硬点的椅子。客人喝完了咖啡,也觉得坐得差不多了,就会主动离开。

第七章
从被动变主动，灵活是最高级的拒绝

学校和图书馆的椅子，很少有那种坐起来绵绵软软的；在职训练用的椅子，最常见的都是木头做的长凳。这些硬椅子、冷板凳的使用，是在一定程度上提醒座位上的人："你不是来这里休息的，做完该做的事，就赶紧离开吧！难道你不觉得硌得不舒服吗？"

如果你想要与对方尽早地结束谈话，与其用语言下逐客令，倒不如让对方的屁股受点苦，无言地传递出拒绝之意。

⊕ 让对方处于偌大空间的正中央位置

生物界中有一个奇特的现象：无论给予昆虫或动物多么广阔自由的空间，在构建巢穴的时候，它们多半还是会选择角落位置。即便是在树上构巢，也会选择枝杈的位置。这些动物、昆虫移动的路线，通常不是走最短的直线，而是沿着墙边走。

这样的选择无非是处于安全感的需求。人在这方面和动物一样，也会追求凭靠之处。

进入公交车或地铁的车厢中，人最先选择的位置一定是角落处，除非那里已经没有座位了，而不得不选择中间位置。进入咖啡厅、饭馆等地，也会发生类似的情况，谁也不愿意一下子就坐到中央的位置，而是会选择靠墙壁、屏风或窗口的位置。

角落之类的地方，往往有更牢固、更坚实的墙壁为依靠，能够随时触摸到，给人一种安全感。如果远离墙壁，没有倚靠，就会增加不安的感觉。在出海的时候，乘客离海岸越远，内心就愈发不

安，尤其是初次出海，会很紧张。处于海中孤岛的人，因缺乏安全感和稳定感，会很渴望陆地。

基于这一点，我们便可知：当人处在大空间的正中央的位置，会感觉很不自在。所以，在拒绝的过程中，如果你想让对方不舒服，就可以把他安排在这样的位置上。身处其中，他会变得焦虑，迫切想要离开。

⊕ 通过换装影响他人心情，增强拒绝效果

美国心理学家雷奥纳德·比克曼，曾经对服装给人的印象进行过一项有趣的实验：他在纽约市肯尼迪机场的公用电话亭内的架子上，放了一枚一角的硬币，只要进入电话亭，这枚硬币就会映入眼帘。

他在距离电话亭不远的地方观察，每当看到有人进入电话亭，就会跑过去敲门问："我忘了带走一角钱，不知道在不在里面？"那么，人们是如何回应的呢？

结果显示：当他穿着整齐的时候，对方交还硬币的概率是88%；当他穿着邋遢的时候，对方交还的概率只有77%。比克曼得出结论："当问话者穿着整齐，人们的态度会更加热情和友好；当问话者穿着邋遢，人们会产生厌恶和鄙夷之情，不想与其产生任何瓜葛，也不仔细想对方究竟在问什么，瞬间就会脱口拒绝，将其赶走。"

第七章
从被动变主动，灵活是最高级的拒绝

一位大学毕业生刚刚入职，总是被一位倚老卖老的同事训斥，这让他很郁闷。他曾经想过顶撞对方，可对方总是用"年轻人就是幼稚"的态度轻视他。为此，他想了一个计策，穿上高级衬衫、戴着华丽的领带去出席会议，结果，还真的奏效了。那些平日里唠叨不停的同事，全都静默下来，而他在提出意见时，也没人反对。

人没有变，环境没有变，唯一变的就是着装。年轻人穿着个性张扬的衣服，会让老一辈人产生这样的看法："穿这种衣服上班的年轻人，个性必然是张扬的，会说出这种反对的意见，也在情理之中。"此时，你的拒绝也就具合理性了。

02 故意截话拒绝，不让对方把事情挑明

男生和女生是大学校友，经常在自习室相遇。渐渐地，男生对女生产生了爱慕之情，女生也觉察到了。男生一直找机会向女生表白，期望早点获得爱情。某天午后，他们又在自习室相遇，刚巧自习室里没有其他同学，男生就鼓起勇气展开了告白计划。

男生说："我想问问你，是不是喜欢……"刚听到这里，女生立刻就把话截断："你借给我的那本小说，我很喜欢呀，看了两遍呢，真不错。"

男生以为女生没有理解自己的意思，又说："嗯，你看不出来我喜欢……"没想到，女生又把话截断："我知道你喜欢古典文学，以后有机会咱们一起交换读书心得吧？"

男生回应道："好，你有没有……"女生再次打断他的话，说："有啊！好好切磋，向你学习，我早就有这个想法呢！"

这时，男生已经不想再争取了，他明白，女生是不想跟他发展恋爱关系，不愿意他把这层窗户纸捅破。要是直截了当地回绝自

第七章
从被动变主动，灵活是最高级的拒绝

己，可能连朋友都做不成了。想到这儿，男生虽然有点失落，但还是挺感谢女生的，至少没让彼此感到尴尬。

我们都知道，随意打断别人的话是不礼貌的行为，但这仅限于正常的沟通交流。倘若要拒绝对方，又不愿意把彼此的关系闹得尴尬，截话拒绝就是可行的。正所谓，具体问题具体分析。就像上述的案例中，女生对男生没有爱慕之情，不想接受他的告白，在察觉对方有意吐露心声时，就选择了故意截话，不让对方把事情挑明，在避免尴尬的同时，也让男生领会了她的意思，主动选择放弃。

之前我们提到过，在拒绝他人时，可以耐心地听其把话说完，这是出于对请求者的尊重。但是，有些问题是不能等对方说出口的，比如，当对方想说一些秘密时，如果等他把话说完，你就知晓了秘密，也就不得不参与其中了。一旦参与了，万一日后有了什么变故，你必然会背负上泄密者的骂名。面对这样的问题，截话拒绝就是明智的选择。

当你意识到对方要说的话题，且知道听他叙述后再拒绝，会影响关系或氛围，那就最好快速截断对方的话，按照另外的思路来回答。这样一来，既能转移其他听众的注意力，也能让发问者领悟，更改话题，避免因说破造成尴尬局面和其他的负面结果。如果对方没有立刻明白你的态度，你又无法挑明，那不妨继续打断他的讲话，重复两三次，他自然就会懂得你的意思。

截断他人的话，要讲究时机和技巧，恰当而巧妙地把自己的话插入到正题中，这样不但能避免让说话者难堪，还能引导其说话的兴致，有助于和谐融洽的交流。面对不同的情境和场合，截话插话的方式要有所区别，要注意以下几个重要的原则：

⊕ 顺题立意

在没有听明白对方的谈话时，随意抢话、插话、乱发评论，是不尊重对方的表现。在截断他人说话时，最好是顺着对方所说的话题来展开自己的话，如果需要转换话题，也要先肯定和赞同对方的观点，再用"不过""但是"等转折词过渡，避免对方的误解和厌恶。

⊕ 注意措辞

说话的效果与措辞是否得当有直接关系。措辞得体的话，对方会容易接受，有利于谈话继续下去；措辞不当，很容易引起对方的反感。我们在措辞时，最好选择中性感情色彩的词语，不要对对方的谈话内容和言论发表任何评判，也不要对对方的情感做任何的是非表达。

⊕ 真诚友善

人与人沟通交流，重在真诚友善，截话也是一样。千万不要表现出一副高高在上的样子，这会引起他人的极度反感，秉持平等、友好的姿态，让对方感受到你的真诚，你说的话才更容易被接受。

03 未雨绸缪，把不想应承的事情挡在门外

丝丝是个热心的姑娘，公司里的同事都很喜欢她。当然，他们喜欢丝丝的原因，不仅仅是因为性格好，还因为她有求必应，总能把事情办妥，让人放心。随着大家对丝丝的认可，她助人为乐、善解人意的形象愈发高大，而找她帮忙的人也越来越多。

同部门的周姐，不太会用Excel表格，经常让丝丝帮忙处理报表；邻桌的拉拉不爱收拾，经常要丝丝帮忙一起找东西；市场部的主管也看上了丝丝的踏实勤快，总是打电话让她处理一些订单录入……最初，丝丝对这些事都是一一应允，不管是谁发出请求，她都会帮忙。渐渐地，她发现大量的时间都用在了帮别人做事上，自己的工作受到了影响。

丝丝很清楚，再这么下去的话，自己很可能会丢了饭碗。她暗下决心：一定要把主要精力放在自己的工作上！可是，事情没有想象中那么简单，大家都习惯求助她了，请托总是络绎不绝，她根本没法专心干活。面对这些请托，直接拒绝虽然有效，可她的工作思

路还是会被打断，而且这种做法还可能导致人际关系紧张。

怎么办呢？丝丝决定，干脆把请托的门事先堵住。

她的工作不太需要外联，所以一到工位，她就悄悄把桌上的电话线拔掉，这样可以避免市场部主管打电话过来。周姐通常都是下午三点以后才开始整理表格，丝丝干脆就把约见客户的时间定在2点半，这样一来，周姐就只能自己动手了。至于拉拉的事情，拒绝起来就容易多了，毕竟也不是每天都发生，大可以跟她说："我现在正忙，你先自己找找，待会儿我再帮你。"等不及的拉拉，自然就会努力去找。

经过这么一番调整，很大一部分请托都被规避了，丝丝的日子也变得清净多了。

丝丝所用的拒绝之道，就是我们常说的"未雨绸缪""防患于未然"。与其等请托者找上门再拒绝，不如事先把麻烦挡在门外。况且，未雨绸缪的效用，远胜于亡羊补牢。后者虽然能够最大限度地帮我们挽回损失，可毕竟是在问题发生之后的补救措施，不可避免会有损失。相比之下，提前把问题发生的概率控制在最小的范围内，不但省去了处理问题的麻烦，还能避免让自己遭受损失。

我们不妨模拟一个情境：你在专心工作的时候，突然有人过来请你帮忙，此时的你面临着两个选择：要么放下手中的工作，去处理这些突发事件；要么想出合适的理由去回绝对方，花费一些时间

第七章
从被动变主动，灵活是最高级的拒绝

去解释，免除误会和尴尬。无论是哪一种选择，都不可避免要中断手上的工作，等麻烦事处理完了，再回来工作，思路和灵感已经被打断了，还得重新调整状态。这么折腾下来，起码要一两个小时。情况再糟糕一些，拒绝得不太合适，惹得对方不高兴，自己的状态也会受影响，恐怕半天的时间都要来调节情绪了。

拒绝的表达，不一定非要用嘴巴说出来，就像上文中的丝丝，她为自己建立了一套防御机制，把不想应承的请托挡在门外。这样既达到了拒绝的目的，也不必与请求者正面"交锋"，省去了不少麻烦。

下一次，如果再遇到经常找你帮忙的朋友，当他开口问你"最近忙不忙"的时候，你大可回答："忙啊！最近连休息的时间都没有了，每天要加班到凌晨，太累了。"你这么一说，他自然就知道你没空帮忙了，那些到了嘴边的请托，他也只好咽回肚子里。

04 创造有利于己的环境，营造心理压迫感

看警匪片时，不知道你有没有留意过这样一个情节：在审问嫌疑犯时，警察通常都会坐在暗处，而嫌疑犯坐在亮晃晃的灯光下面。为什么要这样设置呢？

从视觉上来讲，人对光源的不调和比较不容易接受，所以明暗度的突然变化，会引起为了适应这种变化的顺应现象。在顺应尚未完成之前，心理上会不可避免地产生动摇。让嫌疑犯身处明亮的灯光之下，而警察处在暗处，就是为了让嫌疑犯心理产生不安定的感觉，从而更容易供出真相。

这就是环境对人心理的影响，我们在拒绝他人的请求时，也不妨利用这种环境营造的技巧，达到不战而屈人之兵的目的。

某商人因为事业上资金周转出现问题，故而去拜访一位银行家，希望能够获得贷款，但最终没能如愿。其实，他跟那位银行家关系很不错，曾经一起喝过酒。以前，他们在一起会面谈事时，都是坐在比较矮的椅子上，椅子的高度一样。可是这一回，不知道是

第七章
从被动变主动，灵活是最高级的拒绝

怎么回事，他发现自己跟银行家失去了平等对话的地位。

这次会面，从一开始进行得就不太顺利。商人先是被带进会客室，银行家许久都没有露面，这让他很是焦虑。过了半天，银行家才出现。刚一进门，银行家就说："哎呀，让你久等了。"虽然招呼打得挺热情，但银行家的脸上并未挂着愉快的笑容。接着，银行家就坐在了一个比较高的沙发上，并按下了背后台灯的开关。

这时，商人发现，原本宽敞的会客厅，由于光线明暗的变化，忽然显得很狭小，且非常压抑。整个房间照明比较暗，商人面对着台灯的光，觉得灯光很刺眼，他看不清楚银行家的脸，觉得自己就像是被审讯的"嫌疑犯"。

在这样的情境下，虽然商人事先准备了许多说服银行家的资料，可在说话的时候，他却总觉得放不开，言谈似乎缺少某种力度和激情。银行家没有说太多的话，语气很平和，可商人总有一种底气不足之感。结果，银行家拒绝了商人的贷款请求，此刻的商人并未有失落感，反倒如释重负。他不禁怀疑：是不是自己的心理出了问题？

显然，问题并不是出在商人身上，一切都在于环境营造的压抑氛围，让他不知不觉就处在了弱势地位上，继而影响了他的表现和心理。银行家背后的那盏台灯，是影响环境的关键点，它对商人造成了严重的干扰。

纵观会面的全过程，我们可以断定，银行家早已决定拒绝商人的请求。所以，他先是拖延出场，让商人心生焦虑和不安；接着，他客气地跟对方打招呼，摆出一副很严肃的样子，拉开彼此间的心理距离；接着，他又选择了较高处落座，并打开身后的台灯，让原本宽敞的空间变得逼仄而压抑。商人的眼睛不停地被灯光照着，更加重了内心的不安。

最终，银行家的拒绝，并没有让商人感到失落，反而是觉得如释重负。这也说明，从一开始，商人就已经从银行家的态度以及环境中，变得"不好意思"开口了。即便准备了充分的资料，可面对一个和往日相处时不太一样的银行家，并身处压抑的环境之下，他已经在心理打了"退堂鼓"，或者说已经有了会被拒绝的预感。所以，对于银行家最终的拒绝，他并未感到太失落。

环境对人的影响不容小觑，除了背光而坐能够增强自身的优势之外，主场优势也是提升拒绝力的一种常用方法。当你对主场十分熟悉时，你往往不会怯场，就好比在自己家里会客，你会显得很自然。如果换成到别人家里谈话，就容易变得拘谨。鉴于此，在拒绝他人的时候，最好选择熟悉的场景，增强自己的气势。

有个编辑想找一位大学教授约稿，他先是给对方打电话说明意图，但听教授的口气，似乎并不太愿意。尽管如此，编辑还是不想放弃，他认为自己能够说服教授，因此提出登门拜访的要求。

第七章
从被动变主动，灵活是最高级的拒绝

他来到教授家里，对方并没有在会客室见他，而是说："不好意思，会客室还没有整理好，去我的书房吧。"就这样，编辑跟随教授进了书房。教授坐在桌子前，和编辑面对面。编辑开口说出想约稿的事宜，却发现平日口舌伶俐的自己，突然变得很没有气势，表达得也不太顺畅。在交谈的过程中，教授很随意地抽烟，而编辑一直弥漫在烟雾中，忍受着难闻的烟味。最后，编辑没能达到自己的目的，只好悻悻地离开。

回想这段经历，编辑说："我的表现真是太差劲了，从来没有这么差劲过。如果是在一间会客室之类的半公共场所谈话，我的表达可能会更好。可那是一个很私人的场所，我在那里放不开，总觉得很拘束、很压抑。"

不过，在经历了这件事之后，编辑也学会了用同样的方法拒绝。当他不想接受某种请求时，会把对方带进一个自己熟悉的领域，占据交谈的优势地位。

书房是很隐私的场所，而窥视别人的隐私，无疑会让人紧张不安。编辑身处在教授的书房之中，就开始坐立不安，没办法像平日一样侃侃而谈。这也提醒我们，拒绝不仅仅是靠言语说服，有些时候，学会创造对自己有利的环境，同样可以事半功倍。

05 无声胜有声，沉默也是有效的拒绝

"我是从事教育评论工作的，经常要出席一些家长会之类的活动。每次活动中，我都受邀做演讲，可在演讲过后，我却总是遭遇尴尬。因为，我会习惯性地询问听众：大家有什么问题吗？可以提出来讨论一下。十次有九次，基本上都是鸦雀无声，全场的听众都盯着我，让我有点不知所措。我不知道，是听众们真的没有问题，还是我太过敏感？总之，这种沉默令我不知如何自处，哎！"

这是一位学者在遭受"冷遇"时的感受，听众的沉默令他不自在，有一种被忽视、被拒绝的体验。那么，当我们想用拒绝一个人的请求，可又不好意思开口，总觉得尴尬和惭愧时，能否用沉默来表达自己的态度呢？

答案是肯定的。你可以选择用沉默来应答，它能帮你拒绝很多事，特别是摆脱那些你不愿意牵扯进去的麻烦事，这种拒绝方式会显得很自然。

"我刚来公司一个多星期，就有同事发来请帖，邀请我参加一

第七章
从被动变主动，灵活是最高级的拒绝

个聚会。事实上，我不太爱热闹，也不太想参加。我琢磨了半天，该如何拒绝对方的邀请，可思前想后，觉得怎么说都不太合适。为了不影响工作，我就暂时把这件事搁置了。没想到，一忙起来竟然把它给忘了。结果就是，我没有给予对方任何回复……后来，我发现，同事似乎也没太在意，可能请帖当时是随意发的，我那不经意的沉默，也让我避免了直接拒绝的尴尬。"

有一个问题需要说明，不是任何事情都可以用沉默来回应。这种拒绝方式容易陷入争论的情境。我们都知道，"不"是一个令人失望和沮丧的回应，会直接降低被拒者完成某件事情的希望，如果他们迫切地想要实现自己的目标，就会想办法用各种理由来说服你接受。即便你给出拒绝理由，他们也有可能会纠缠。

银行业务员："小姐，我们新推出了一款信用卡，你要不要看看？"

你："对不起，我已经办了好几张信用卡了，暂时不需要。"

银行业务员："是吗？那您经常带着几张信用卡出门，也不太方便吧？"

你："还行吧。"

银行业务员："其实，您完全不用这么辛苦，只要办理我们银行新推出的信用卡，真的能一张卡走遍天下，它在全球八百多个城市都可以随时享受我们的优质服务。这个月是推广月，现在办理还

有礼品赠送，并享受免年费的优惠……"

你："……"

此时的你，该怎么回应？你本来是想拒绝的，可因为言语不到位，让对方有了可乘之机。更有意思的是，你每给出一个拒绝的理由，都会成为对方进一步推销的理由。继续与对方争辩，如果自己不够狠心，很有可能会被业务员的凌厉攻势驳倒，怎么办？

此时，最好的应对办法就是沉默。沉默，往往被人们错误地认为是思想的沟通出现了问题，认为是无法传递信息的体现。不管对方如何吹嘘他的东西，只要你保持沉默，不予理会，对方很快就会自知没趣，主动离开。因为，他得不到预期的回应，气势和信心随之降低，最终不得不放弃。

鲁迅说过："沉默就是反抗的最好表现。"沉默的回敬，往往能够取得比激烈的辩解更好的效果。在你想表达拒绝，而又不知该如何做时，可以选择用沉默代替言语。你的沉默和无言将不断地消磨对方的热情，让人失去继续说下去的信心。

请注意：如果别人向你提出了不合理的请求，比如性骚扰、冷暴力、欺压等，就不要保持沉默了，这会助长对方的气势。此时的你，一定要强烈地表达不满，积极地采取自我保护的手段，坚决地抵抗，让对方停止错误的言行。

06 巧用肢体语言，一样可以表达态度

表达拒绝，不一定非要靠语言，前面我们提到过，可以利用环境，也可以创造让对方感到不舒服的情境，这些都是无声拒绝的方法。接下来我们要说的，是随时随地都可以用到的一种方法，那就是利用肢体语言来表达你的态度。

其实，拒绝的身体语言，比口头语言出现得更早。相关理论分析指出，当新生儿吸吮足够的奶水后，就会左右摇晃脑袋，以此来抗拒母亲的乳房。幼儿在吃饱后，也会用摇头的动作来拒绝大人们的喂食。当然，拒绝的动作不只是摇头，还有许多肢体语言都可以增强拒绝的效果。下面，我们就介绍几种有效的拒绝姿态和动作。

⊕ 正襟危坐，挺直腰身

我们经常会看到猫、狗等小动物打架时，全身的毛都会竖立起来，膨胀的毛发让它们看起来比较庞大，这样做的目的，就是为了营造一种强大的气势，来震慑敌人。

我们也可以在拒绝时借助这一方式，显示出高大的架势，给人一种沉重的压迫感。比如，正襟危坐，腰身挺直，就是一个很好的方式，这样能够有效地增加拒绝的气势。虽然我们都不太喜欢傲慢的人，但在拒绝他人时，如果能够摆出一些傲慢的动作，高昂脑袋，可以增强拒绝的效果。

⊕ 双手胸前交叉，两脚重叠

想象一下：当一个人在你面前，呈现出双手在胸前交叉、两脚重叠、表情严肃的样子时，你会有什么感觉？一定会感觉这个人不好接触，拒人于千里之外。事实上，这是对料想的攻击所采取的一种警诫措施，或表示个人立场的坚定不移，拒绝接受他人对自己的改变。如果你想表达拒绝，或是坚定自己的立场，不妨摆出这样一幅姿态，能够让你气势倍增。

⊕ 不慌不忙地把玩身边的东西

索尼的董事长井深大，每次对他人的话题不感兴趣时，就不慌不忙地摊开报纸来看。很显然，这是在表示拒绝。还有一位评论家，每逢有不喜欢的访客到来，他就会一边说话，一边整理自己的名片，对方看到这样的动作，往往就没有了继续聊下去的兴致，主动选择离开。

⊕ 倾斜身体或侧身面对对方

当你想要拒绝他人的请求时，不妨倾斜身体，或是侧身对着对

第七章
从被动变主动，灵活是最高级的拒绝

方。采取这样的姿态，即便不说话，对方也可以从你的气势中感受到"不"的意思。这是一种攻击性的姿势，它能让对方明白，你的"不"字是认真的，并不是随便说说。

如果你用倾斜身体的非对称姿势面对他人，会让对方感到不安。这一动作源自战斗姿势，在不少的武术当中，都会用这一姿势迎敌。在拒绝的时候，采用这个姿势，颇具侵略性，表达拒绝和对抗的态度很强烈。

⊕ 表现自身身体状态不佳的动作

一位事业有成的丈夫，经常因工作冷落妻子，妻子情感孤独，向丈夫提出离婚的要求，二人因此发生争吵。

丈夫越说越激动，妻子不想再听，就用一只手的拇指和食指用力地按了一下眉毛下凹陷的位置。显然，这是在表现身心疲惫时经常会做的动作。丈夫见此情形，突然就闭了嘴。见丈夫不再说话，妻子小声说："没关系，你继续说。"之后，丈夫又开始单方面地驳斥。

没过一会儿，妻子又做了和刚才一样的动作。经过几次这一动作的重复，丈夫彻底闭了嘴。从始至终，妻子没有说一个"不"字，最后，丈夫放弃了说服的念头，默默地退出了。

肢体语言专家认为，表示身体状况不佳的动作，是向交谈对象发出否定的信息，比如转动脖子、用手帕擦拭眼睛、按眼睑、拍肩膀、按太阳穴以及按眉毛下部等动作，都是身体向外界发出的拒绝信号："你的话让我感到疲惫，我希望你别再说下去。"

其实，表示拒绝的姿态和动作不只以上几种，还有诸如转头、转身、摊手、撇嘴、耸肩等动作。在拒绝他人的时候，如果能够做到灵活运用，都可以增强你的拒绝力。

第八章
能抵抗诱惑的人，才有能力掌控生活

01 没有免费的午餐,管好自己的欲望

几年前,身为演艺经纪人的D小姐,接到自称是"警方"的来电,通知她因为涉嫌贩毒、洗黑钱等罪名,目前已经被列为通缉犯。骗子还主动通过了一个本地的某座机号码,声称是某地警局的人,要求D小姐拨打114核实真伪。D小姐在拨打电话确认该号码后,为了配合对方调查,不敢有任何的拒绝和违逆,一切都听从对方的指挥。

不久后,又有人打电话给D小姐,自称是某科长,说可以解救D小姐,通知她登录一个洗黑钱的网站,里面有她的详细信息。D小姐赶紧登录,果然发现自己的资料和联系方式等信息一清二楚地挂在上面,同时网站还明确标示,她现在因涉嫌贩毒、洗黑钱等罪,已经被列为全国通缉犯。看到这些信息,D小姐又震惊又害怕:怎么会这样呢?到底是怎么回事?

这位科长又恐吓D小姐,说他们已经掌握了D小姐的动向,即

第八章
能抵抗诱惑的人，才有能力掌控生活

将逮捕她。原本就半信半疑的D小姐，此时彻底崩溃了。她只好继续配合对方的调查，在其语音诱惑下，D小姐登录到他指定的另一个网站，听从他的指示，将自己的银行U盾插到了电脑上。这时，D小姐的电脑突然黑屏了，几秒钟后，又恢复正常。然后，她就收到了银行的短信提醒，显示账户上的100万已经被全部转走。D小姐先是愣了一下，随后就明白是怎么回事了，她是被人骗了。

回顾这一案件，骗子能够得逞的原因是什么？是他们设计的骗局太周密，还是手段太高明？这都不是重点，真正的关键点在于，他们的骗术善于利用人性的弱点。他们抓住了D小姐惧怕权威的心理，为其量身定做了这样一个骗局。现实生活中，这样的骗局很多，随着科技的发展，骗子行骗的手段也愈发隐蔽，花样层出不穷。我们无法左右这些事实的存在，但我们可以提醒自己对"道听途说"的消息保持警惕，尤其是那些"天上掉馅饼"的好事，更不要轻信。

家住南方某市的L女士，接到了一个匿名电话，对方自称是该市房管所的工作人员，说由于央行调整利率，银行近期降息，L女士去年购买的房子将获得8000元的退税。最后，对方还告诉L女士，目前已经到最后阶段，她们小区还没有认领。

如果需要的话，速与国税局联系，进行认领，否则将被视为弃权。

有这样的好事，L女士喜出望外。她想都没想，立刻就拨通了对方提供的"国税局"的电话，那边的工作人员准确地说出了L女士的个人详细信息，这让L女士更加放心了。接着，她按照对方的语音提示，把自己银行卡上万元存款转到了对方指定的账户。接着，对方宣称由于近期银行系统升级，L女士的银行卡无法接受退税金，需要另外存入1万块钱以上的金额，才能够激活使用。至此，L女士依然被蒙在鼓里，她没有意识到自己被骗，立刻又转了1.1万元到对方的账户。

第二次转账成功后，对方立刻挂断了电话。L女士再拨打电话，已经无法接通了。这时候，L女士才恍然大悟，自己上当受骗了。

不管骗子的花样如何变化，有一点我们始终要牢记：自己没有做过的坏事，不必心虚害怕；从天而降的好事，也别急着去接。遇事一定要冷静思考，搞清楚事情的因果关系和逻辑联系，不了解的时候，可以去查一查、问一问，而不能听信一面之词。许多人就是因为经不住利益的诱惑，有贪便宜的心理，才会给骗子们可乘之机。

第八章
能抵抗诱惑的人，才有能力掌控生活

无论外界给予我们什么样的诱惑，或是试图用什么东西来恐吓我们，都不要轻易相信。控制好自己的情绪，控制好自己的欲望，时刻保持警惕，就是对骗子最有力的还击。

02 人生的路很长,不要总想着走捷径

世间没有任何一株花,像罂粟花一样神秘而美丽,也没有任何一株花,像罂粟一样罪恶而血腥。生活中,很多种诱惑就如同罂粟花一样,看起来婆娑多彩、完美至极,可谁忍不住碰触了,便会跌入万劫不复的深渊。

贪玩的猫把一瓶蜂蜜从桌上弄掉了,地板上淌着一片蜂蜜。恰巧,两只苍蝇飞到了跟前,诱人的甜香味让其中一只苍蝇不禁流出了口水,很想去吃。另一只苍蝇拉住了它,说:"别去吃。这可能是主人设下的陷阱,想要杀死我们呢!"嘴馋的苍蝇不听劝,说:"怎么可能呢?我刚刚看到瓶子是被猫弄倒的,和主人没关系啊!"说完,它义无反顾地飞向了那一堆蜂蜜,大口大口地吃了起来,一边吃一边想:"这么美味的东西,如果不吃才是傻瓜!"

另一只苍蝇站在旁边不敢去吃,很担心地看着那只冲进蜂蜜堆里的苍蝇。不久,馋嘴的苍蝇吃饱了,它抹抹嘴想要离开,却惊奇地发现——自己的腿动不了了。蜂蜜很黏,它粘住了那只苍蝇的

第八章
能抵抗诱惑的人，才有能力掌控生活

腿，任凭它怎么挣扎，都摆脱不了，反而越陷越深。它的朋友在一旁看着，心急如焚，却也帮不上忙。馋嘴的苍蝇后悔万分，它知道今天自己会丧命于此。于是，它悲哀地对朋友说："我真傻，只知道蜂蜜的香甜，却不知道它的'可怕'。"

在物欲横流的生活中，摆在我们眼前的诱惑实在太多，它们就跟"蜂蜜"一样，看起来香甜可口，令人垂涎欲滴。如果没有一个清醒的头脑，看不到诱惑背后隐藏的危险，让眼睛被看似美好的物质生活完全蒙蔽，那么结果就很可能跟那只苍蝇一样，陷入黏稠的"蜂蜜"里，挣扎不休，无法自拔。

一个大专毕业的女孩，随男友到广州打工。他们原本也有自己美好的理想，可惜到了广州之后，才发现自己是那样渺小。奔波了两个月，也没能找到满意的工作，无奈之下，两人只得先到一家电子厂上班。

半年之后，女孩看到一家公司招聘文员，便投递了简历。很快，她得到了面试的通知。那家公司的经理是个四十岁左右的中年男子，他简单询问了女孩的学历和工作经历后，就问起她的个人情况，身体状况，详细程度让女孩感到有些尴尬。紧接着，他告诉女孩，自己的妻子无法生育，他其实是想找一个合适的女子为自己生个小孩，代孕费10万元。

女孩回去之后，把事情的经过跟男友说了。谁曾想，男友竟然

提出让她去做代孕，这样的话，有了那10万块钱就可以开个店，不用到工厂上班了。男友怕女孩心存顾虑，说等她代孕结束后就结婚。女孩同意了。

然而，事情没有他们想象得那么顺利。女孩的人工受精没有成功，经理的妻子告诉女孩，唯一的办法就是让她与经理发生关系。就在女孩不知如何进退的时候，她发现自己一向很准时的月经竟然没有来，而这距离她跟男友在一起，正好半个多月。半月前，上次她和经理到医院做身体检查时，自己还没有怀孕。她把事情前前后后想了一遍，确信自己怀了男友的孩子。想到自己有了男友的孩子，她便不再害怕了。与经理同房之后，她又到医院接受B超检查。她故意把月经时间推后半个月，而医生说她的孩子比平常这个月份的胚胎大，于是她更加确信这孩子就是男友的。

后来，女孩偷偷用经理的手机给男友打电话，告诉自己怀了他的孩子。男友得知她与经理发生关系后，不停地用污言秽语辱骂她。更令人感到意外的是，第二天男友竟然还跑到经理的办公室去威胁对方，说告他强奸，找人非法代孕。无奈之下，经理只好给了他三万块钱。女孩得知情况后，连忙打电话给男友，电话关机。她又联系男友的同事，却被告知他已经离职。她心想，男友知道自己怀孕后，肯定是带着钱远走高飞了。

她后悔自己听了男友的话，也后悔没能禁得住那10万块钱的诱感,为了"美好"的未来给人代孕。她一直以来深爱的男人,为了钱又抛弃了自己。经过几天几夜的挣扎,她最终趁着经理夫妇不注意时,逃走了。她不想继续错下去,独自到医院打掉了孩子……每次回想起这一段错误的经历,她都忍不住泪流满面,说这辈子都难以彻底抚平心里的创伤。

可怜的年轻女孩,没能禁得住男人的花言巧语,也没能抵挡住金钱的诱惑,最后落得身心两伤。在人生的岔路口上,我们应该汲取这个教训,那些看起来美好的、平顺的路,未必是最好的选择,也许你刚踏上路程没走出多远,杂草和荆棘就会出现;相反,那些路径狭小、满地是小石头的路,虽然看起来不那么美好,却可能是通往幸福的正确之路。

人生的路很长,不要尽想着走捷径,亦不要轻易就被美好的东西迷惑。因为,你永远不知道,哪一颗是幸福的糖果,哪一颗是可怕的"糖衣炮弹"。

03 不假思索地帮助他人，是愚蠢的善良

生活中有许多热心肠的人，见不得他人遭受苦难，一旦碰见了，内心的善良就会涌出来，尽己所能地去帮对方。倘若对方也是懂得感恩的好人，会落得一句真诚的"谢谢"，得到莫大的心理慰藉。然而，生活不是童话，不总是拥有美好的结局，有些看起来楚楚可怜的陌生人，未必真有那么可怜，甚至还藏着深深的阴谋与罪恶。他们最喜欢利用的，恰恰就是好人的善良，如若不懂拒绝，很有可能给自己带来不可挽回的厄运。

苏先生跟妻子结婚后，在郊区买了一栋小房子。虽然每天要开车上下班，但省掉了房贷。

某天傍晚，苏先生像往常一样，从市区往郊区开，途经一处城乡接合部时，由于路比较窄，他开得很慢，生怕出事。就在这时，一位农妇打扮的女人拦住了他的车，说："先生，我跟你问个路，行吗？"

苏先生摇下车窗，打算帮一帮这个妇人。只见她拿出一张字

第八章
能抵抗诱惑的人，才有能力掌控生活

条，上面的字迹模模糊糊，写着一个地址，她说："我想去这个地方，该怎么走呢？"苏先生一看，发现那个地方正是自己所住的郊区。他伸手指了指说："你看到那边的公交站了吗？在那里等车，坐到终点站，再倒一趟小公共就到了，下车的地方就能换乘。"

农妇回头看了看，又转过头对苏先生说："我是从外地来的，今天刚到这里，还带着行李，好多公交车不愿意拉。你要是顺路的话，能不能帮我带过去？该多少钱，我都给你，不能让你白忙活。"

看着农妇殷切的眼神，苏先生有点心软了。其实，他没有太多的担心，毕竟自己是一个大男人，难道还会被一个村妇骗了吗？他没多想，就同意了对方的请求。正当他准备帮妇女搬行李上车时，忽然有个中年男人走了过来。苏先生看到，那个中年男人跟农妇使了一个眼色，农妇随即就跟苏先生解释："这是我家男人，我们一起过来的，你看能不能……"

苏先生怎么也没想到会冒出一个男人来，面对这样的局势，他不免有点担忧。就在他不知如何是好的时候，妻子突然打来电话。苏先生走到一边，接起了电话。挂断电话后，苏先生略带歉意地对农妇说："不好意思，我临时有事，不能带你了。你们还是等一等公交车吧！"

说完，苏先生就赶紧锁紧车门离开了。在关门的那一刻，苏先生隐约听到了那个男人的谩骂声,他顾不得那么多,连忙开车远离这个"是非之地"。路上,他很庆幸自己听从了妻子的建议,如果真让那男人和农妇上了车,才是引狼入室。

让陌生人上自己的车,有可能会遇到各种未知的危险。这样的事情,在现实中屡见不鲜,我们不能保证自己一定会是幸运的那个人,凡事不怕一万就怕万一。多少可怕的事件,都是因为当时的善意萌发、不忍心拒绝导致的。

遇到陌生人问路,可以给对方指明一个大概的方向,或是给出一个明确的建议,让他到了下一个站点再问问其他人。如果不愿意亲自指路,也可以让对方买一张地图,或是去找民警帮忙,如果他咬定了你,你就必须提高警惕,尽快摆脱他的纠缠。

公安部的网站上有明确的指示:在面对可疑的陌生人问路时,切记不要上车带路,与陌生人的车保持距离,并记住陌生人的体貌特征、车牌号码、车型,以及对话内容。这些提示都在告诉我们,谨防被绑架或被骗。

善良是一种品质,值得一生秉持和捍卫,但善良要留给对的人,而不能随随便便地送人。生活很美好,但也有阴暗的角落,你若不当心,就可能被人利用。小心驶得万年船,这个道理到任何时候都是适用的。

04 耳听爱情是不够的,要用心去感受

相传,有个马夫得到了一批漂亮的白马,他每天都给马擦洗身体,洗过之后还会仔细地给马梳理鬃毛。但凡认识马夫的人,都夸他心善,并感叹白马遇到了一位好主人。马夫每次听到别人的夸奖,心里都美滋滋的,只不过嘴上故作谦虚,说这都是自己应该做的。

然而,白马每天过得并不开心。因为麦子的价格比较贵,马夫偷偷地卖掉了那些喂马的大麦,它每天根本都吃不饱,到了晚上就饥肠辘辘。终于有一天,马夫在给白马梳理鬃毛的时候,白马忍不住发火了,它大声地指责马夫:"你别再假惺惺的了。如果你真对我好,那就别卖掉那些大麦,让我吃一顿饱饭。"

在不知道内情人的看来,马夫的确是个好主人,每天给马洗澡、梳理毛发,照顾得多么细致,多么完美啊!可这种美好,只不过是表面现象,说他自欺欺人一点也不为过。若是真心善待白马,就不会卖掉大麦。对于白马来说,洗得再干净、鬃毛再顺滑,又能如何呢?连基本的温饱都得不到,还会在意漂亮的外表吗?

生活中，很多事情与之相仿。特别是在爱情之中，有些人就像"马夫"，表面上对你好的没话说，你甚至也相信终于遇到了真心待自己的人。可是有一天，当他把那层虚伪的外衣脱掉后，你看到了"马夫"的真面目，才发现那些美好全是假的，你感受到的只有赤裸裸的欺骗和无尽的悲伤。

Ann是在一次聚会中结识的伟。伟长得很帅气，自己经营着一间小公司，生意还不错。Ann的条件也不错，她对择偶这件事没那么挑剔，只求对方真心待自己。第一次见面，Ann就已经对伟产生了些许好感。后来，两个人又单独约会了一次，恰恰是这次约会，加深了Ann对伟的好感。

吃饭席间，伟告诉Ann，他的公司主要做绿色环保的产品，客户都是一些大公司。虽然Ann不太明白伟到底在讲什么，但听他说起公司的赢利状况，感觉还是挺可观的。而且，伟约会那天开着一辆不错的SUV，可见经济条件不差。

伟的侃侃而谈以及绅士般的举止，彻底打动了Ann。结账的时候，伟从口袋里掏出一张贵宾信用卡递给服务员，那优雅的动作更是让Ann倾心。两人牵手从饭店里走出来，阳光洒在身上，Ann觉得自己坠入了爱河。

就在这时，Ann遇到了上次举办聚会的主人苒。当时，Ann感觉苒的表情有些不自然，说不出是惊讶还是不解，反正是一副

第八章
能抵抗诱惑的人，才有能力掌控生活

欲言又止的样子。简单地寒暄之后，Ann和伟就与苒告别了。

待Ann下午回家后，收到了苒发来的消息。她提醒Ann，要小心伟这个人，他完全就是一个感情骗子。之前，苒身边的一位女友就被他骗了，说他有钱是不假，但对待感情很不负责，完全就是一个渣男。Ann很庆幸及时得到朋友的提醒，没有沦为爱情的牺牲品，不然她还真的会相信，自己是伟的第一任女友呢！

谈恋爱最重要的是彼此保持真诚，唯有大家坦诚相待，才能走得长久。然而，有时，我们会不可避免地遇到爱情骗子。如果你意识到了，对方在说大话，或是编造了谎言，该如何拒绝呢？

⊕ 笑而不语，用行动去纠正他的谎言

当对方向你撒谎时，最好的应对方式不是立刻拆穿，特别是有外人在场时。你可以笑而不语，一方面让他人认为你默认了对方说的话，另一方面也让对方明白，你的笑另有含义。然后，你可以私下用自己的实际行动去纠正他的撒谎。

⊕ 不置可否，认真地说出自己的观点

面对谎言，你可以选择沉默，也可以选择纠正对方。不过，这两种方式都不是最佳的选择。事实上，你还有另外的一个选择，那就是不置可否：不评判对方的观点，严肃认真地说出自己的观点。当你的观点触及到他说谎的心灵时，他就会知道，你早已经识破了他的谎言，只是碍于面子没有拆穿罢了。

⊕适当纠正,告诉对方你需要知道真相

当你知道他在说谎,却不能表现出来时,可以用严肃的表情看着他,并对他说:"我只是想知道真相。"你要让他明白,你迫切地想要知道真相,是因为很在意这段感情,不想把爱情当成游戏。

05 有便宜可占的地方，往往都藏着陷阱

"哎，我本来不想办足浴卡的，就是因为他们推出了一个免费试用的活动，拉着我去体验。结果，我的脚泡进了足浴盆，人就被'栓'在了里面。他们的顾问不停地向我介绍项目，先是价格高的，后再不断降价……为了能早点离开那，我只好办了最低档的那个项目。可走出养生馆，我整个人都很郁闷：干吗要跟他进去体验服务呢？我根本不需要那些项目啊！"

这样的体会，恐怕很多人都有过。在大街上，或是商场门口，被人拦住推销化妆品或是美容项目，经不住忽悠就去体验了，结果掏钱买了自己根本不需要的产品或美容项目。那些商品，要么放置在一旁当成垃圾，要么就天天揣着那张美容卡，交了钱也不去做。

芊芊约了男友在购物中心门口见面，由于路上堵车，男友要迟到半小时，芊芊就只好自己先进去逛。就在她四处张望的时候，突然看到不远处有几个年轻人在推销产品。一方面出于好奇，一方面为了打发时间，芊芊就决定过去看看。

还没等芊芊走到跟前,她就被推销的业务员盯上了。两个30岁左右的女子,快速走到她身边,其中一人拿着提前准备好的资料,另一个人则拿着产品,并向芊芊介绍:"小姐,您好,我们是××化妆品公司的。最近,公司正在搞活动……"说着,还向芊芊手里塞了一张印制精美的卡片。

芊芊看了一眼,立刻就知道这不是什么知名品牌,但形象仿造得跟某国际大牌很相似,不仔细看的话,还真可能会错认。芊芊心里马上就产生了拒绝的念头,可是递给她卡片的女子,很快拿出了样品让芊芊试用。

还没等芊芊反应过来,那女子就抓起芊芊的手涂抹起来。芊芊赶紧收回自己的手,转身就要离开,可对方却还是拽芊芊,并不断喊着公司产品的优惠价格……这时,芊芊灵机一动,大声说:"我是过敏体质,你给我涂了这个,我要是过敏了怎么办?"听到这里,推销的女子可能是怕惹上麻烦,才松开芊芊的手。

这时,芊芊的男友也赶到了,说起刚刚发生的事,男友感叹:"幸好你没上当!前些天,我们同事用了街头推销的化妆品,真的是过敏了,到现在已经花了好几千块钱治疗了。天底下没有免费的午餐,千万不能有占便宜的侥幸心理。"

芊芊算是比较机灵,在关键时刻用"皮肤过敏"的借口吓住了对方,才免于纠缠。可惜,不是所有人都有这样的应变能力,也不

第八章 能抵抗诱惑的人，才有能力掌控生活

是所有人都有拒绝的勇气，很多人或是经不住诱惑，或是不懂得拒绝，最终买下了自己不需要的产品。

其实，应对街头推销，最有效的拒绝策略是从推销手段上入手，彻底斩断纠缠的烦恼。平时，最常见的推销手段大致有以下几种：

⊕ 温和型：晓之以理，动之以情

这是一种软式推销，推销员往往很温和，对消费者晓之以理、动之以情。很多人经不住诱惑，未能控制住自己，结果掉进了商家的圈套。对于这种推销，一定要坚定自己的立场，只买需要的、能承担得起的东西。如果自己做不到，就让身边的朋友随时提醒自己；或者出门时限制购物的金钱额度，免得自己头脑发热。

⊕ 免费型：试用后收取高额费用

这种推销的手段是，先声称免费试用，吸引消费者；待试用结束后，称其中使用的部分商品是需要收费的，不交费就不让走。消费者往往人单势孤，迫于形势只好选择妥协。面对这种推销，一定要小心谨慎，切忌贪小便宜。如果不小心被强制消费，也不要忍气吞声，及时到工商局投诉，避免更多的人上当受骗。

⊕ 强迫型：人多势众，强买强卖

这类推销虽不太常见，但在行人较少的地区还是存在的。遇到强买强卖的情况时，首先不能在心理上输给对方，哪怕他们人多势

众，也要给自己壮胆，最好的办法就是大声拒绝，你的声音越大，就越能吸引周围人的注意。那些推销者原本从事的就是非法交易，害怕见光，大声拒绝可以有效地帮我们赢得心理优势。心理战打赢了，拒绝也就变得容易了。

上述的这些，都是可选择的被动保护策略。不过，对我们来说，主动回避强硬推销，比被动拒绝更能节省时间和精力。在看到推销员强行拉拢行人时，不妨主动绕行，避开他们。如果不小心撞见，一定要狠心拒绝，此时你一心软，就会导致手软，最终遭狠宰。

总而言之，保持主见是拒绝街头推销的重点。你要相信，商家不会做赔本的生意，千万不要认为自己捡到了什么便宜，有便宜的地方往往都藏着陷阱，一定要小心再小心。

06 "高帽"戴多了，很容易迷失自我

还记得狐狸与乌鸦的寓言故事吗？乌鸦捡到一块肉，叼在嘴里，被狡猾的狐狸看到了。狐狸故意跟乌鸦搭讪，可都没能让乌鸦开口，最后它想到了一招，夸赞乌鸦的声音好听。从未得到过这般赞赏的乌鸦，刹那间就忘记了嘴里叼着的肉，竟真的信了狐狸的话，开口唱起歌来……然后，那块肉就成了狐狸的美餐，乌鸦这才知道自己上了当。

世上没有免费的午餐，狐狸夸赞乌鸦的目的，就是为了它嘴里的那块肉。故事虽小，可道理却很实用，如果有人无缘无故地给你"戴高帽"，先别急着高兴，因为你不知道那顶"高帽"背后到底藏着什么东西？很有可能，带给你的是无穷无尽的麻烦。

在下属们眼里，Miss王就如同《穿Prada的恶魔》里的女上司，刻薄而严厉。然而，新来的女助理晓云，却觉得Miss王没那么可怕，她只是一个普通的成熟女人。

不久前，Miss王在郊区买了一栋房子，晓云连忙称赞："王

总,您可真厉害,现在竞争这么激烈,我们都不敢贷款,您却有魄力买房。什么时候装修说一声,我有朋友是做设计师的,也许能帮上忙呢!"就这么几句简单的话,说得Miss王心花怒放,而其他下属都没有吱声。

第二天,晓云抱着几本精美的杂志出现在Miss王面前,她说:"王总,我专门找了几本装修装饰的杂志,您可以参考参考。"Miss王一边说谢谢,一边暗自觉得自己有眼光,选了一个这么有眼力见儿的助理。

周末,部门聚餐,Miss王指着一个路人的披肩说:"真好看,不知道人家在哪儿买的?"说者无心,听者有意,晓云周一上班就把同样款式的披肩送到了Miss王的办公室:"王总,前些天参加供应商会议,人家送了500块钱券,快要过期了,我就去购物中心逛了一下。没看到适合自己的,反倒碰见这条披肩,觉得挺适合您的,您看喜不喜欢?"

Miss王立刻起身,说:"瞧你,给自己买东西就行了,还想着我。"可心里却乐开了花。之后,她对晓云愈发信任了,也向晓云传授了自己多年的工作心得,这位年轻的女助理,可谓是花了点小钱,买到了大咖级的经验。

晓云的工作能力日益提升,不仅得到了Miss王的认可,也得到了大老板的关注。就在这时,不知谁散播出谣言,说Miss王向

第八章
能抵抗诱惑的人，才有能力掌控生活

竞争对手透露了公司的机密，导致公司投标失败。老板非常愤怒，给Miss王放了一个月的长假，并让晓云暂时代理她的职位。

待Miss王休假回来，她发现，整个部门的人与她更加生疏了，反倒是晓云得到了众人的拥戴。她开始怀疑那起泄密事件，是否跟晓云有关？毕竟，许多细节上的内容，她只跟晓云谈过，且让她帮自己发送过重要的邮件……

无论事情是不是这样，有些结果都已经无法改变了。Miss王在这个公司里，已经丧失了立足之地，她开始后悔，不该轻易接受晓云给自己的"高帽"，让她放松了警惕，甚至忘记了职场中的一些原则。事到如今，Miss王只好主动离职，把位置拱手让给自己曾经最信任，至今却再不敢亲近的助理晓云。

当别人为我们"戴高帽"的时候，不要只顾得高兴，要懂得适时拒绝。毕竟，"高帽"戴多了，就会对自己认识不清，容易飘飘然，做一些不理智的事。面对过分的夸赞，以及刻意的讨好时，无论对方出于什么样的目的，都要保持清醒和谨慎。

对于他人递过来的"高帽"，你可以对其表达自己的谢意，然后再告诉对方："虽然我知道自己没有你说得那么好，但还是要谢谢你。"当你洞察到对方的心思后也可以说："我没有你说得那么能干，好多事情我也无能为力。"这样说的目的，就是在暗示对方：你请求我的事情，我无法答应，让对方知难而退。

07 网络信息真假难辨,与之保持距离

"在网上挑了半天才选中这件衣服,觉得它特别有型,看到实物完全懵了,跟网上的图片根本不是一个档次的,没法穿出去。退的话,还要承担运费,怪麻烦的,认栽算了。"

"我是在网站上相亲认识她,当时看照片觉得很满意,算得上是很有气质了。可是,到了见面那天,我真是大跌眼镜,感觉自己被骗了。"

"新入手的网红产品,在网上站好评如潮,可我用了之后却发现,根本没有传说中那么好,甚至还不如我以前用的普通产品呢!"

"……"

有过网购经历的你,想必也遇到过上述的这些情形。其实,网络中有许多的虚假信息,稍不注意就可能会落入"圈套"。如果只是买了一件不太满意的衣服或产品,损失的只是金钱;可如果没

第八章
能抵抗诱惑的人，才有能力掌控生活

有甄别对方的虚假身份，信以为真，损失的就不只是金钱那么简单了。

28岁的俄罗斯人考斯基在推特上认识了一位名叫芭芭拉的美国女孩。从芭芭拉发布的相片上看，那是一个漂亮又可爱的年轻女子。两个人在网上聊了一段时间，考斯基就迫不及待地想去美国看望芭芭拉了。

三个月后，考斯基终于付诸了行动，他顺利抵达美国，准备见一见这个让自己心仪已久的女孩。敲开芭芭拉的房门后，考斯基惊呆了。那个自称是芭芭拉的人，居然是一位年近六旬、满头白发、满脸皱纹的老太太。更让考斯基震惊和恐惧的是，这位老妇人在见到他之后，对他神秘地笑了笑，立刻将其引入房门，让他看了自己藏在冰箱里的一具尸体。考斯基一边发抖，一边跑了出去。

这位老妇人的确是芭芭拉，网上的照片也是真的，但是她年轻时拍摄的，现在的她独身一人。几个月前，一位男性房客在她家中猝死，为了避免被警方怀疑，她竟然把该男子的尸体冻进了冰箱。之所以在网上跟考斯基谈情说爱，完全是因为她年纪已老，寂寞无聊。

对考斯基来说，这件事可能会给他的内心蒙上一层厚厚的阴

影，但他也要为此事负一定的责任。一个人在网络平台上呈现出的样子，未必是真实的样子，甚至是刻意包装出来的。未曾认识真实的对方，就盲目相信网络上的一切信息，原本就是一件冒险的事。

许多网络信息都充满着诱惑，但同时又包含着虚假的成分，和巨大的风险。除了交友网站之外，二手交易平台也如是。不少被敲诈勒索的用户，都面临着举证的困难，尤其是有些网站根本没有进行登记备案和实名认证，甚至有的是通过代理IP上线，或直接在境外注册，即便出了问题，国内的相关机构也无法对其进行查封，更没办法协助相关人员进行侦破。

对于网络上的一些内容，我们一定要控制好自己，有拒绝的能力，不能被虚假的信息操控。除了对待交友和买卖之事要谨慎之外，以下几点也是需要注意的：

⊕ 在相对熟悉的领域中，网络上的虚假消息都有其基本模式，遇到之后比较容易分辨，切记绕路行走。

⊕ 在不熟悉的领域，要相信"主流媒体"的报道。如果没有媒体报道的消息，看看是否有转发，是如何评论的，一定要三思。必要的时候，也可以与周围亲近的人讨论下。

⊕ 媒体报道的信息，未必全是准确的，有时记者本人也可能会

第八章
能抵抗诱惑的人，才有能力掌控生活

出错，因而也需甄别。

⊕ 如果总是用"据有关人士""据悉""据了解"而又没有指向确定消息源的，千万不要轻信，很有可能都是谣言。